好爸爸好妈妈丛书

# 当爹其实不容易

## 一个顾家好父亲的育儿心得

［美］J. 凯文·莫里斯◎著
陆坤林◎译

海天出版社（中国·深圳）

图书在版编目（CIP）数据

当爹其实不容易：一个顾家好父亲的育儿心得／（美）J.凯文·莫里斯（J. Kewin Morris）著；陆坤林译. —深圳：海天出版社，2016.9
（好爸爸好妈妈丛书）
ISBN 978-7-5507-1730-5

Ⅰ.①当… Ⅱ.①J… ②陆… Ⅲ.①家庭教育 Ⅳ.①G78

中国版本图书馆CIP数据核字（2016）第200361号

图字：19-2016-176号

Original title: Daddy's Diary
Texts copyright © J.Kevin Morris
First published by Cedar Fort, Inc. in 2013
www.cedarfort.com
All rights reserved.

The simplified Chinese translation rights arranged with Blessingway Authors' Services through Rightol Media （本书中文简体版权经由锐拓传媒取得Email:copyright@rightol.com）

## 当爹其实不容易：一个顾家好父亲的育儿心得
DANG DIE QISHI BU RONGYI: YI GE GUJIA HAO FUQIN DE YU'ER XINDE

| | |
|---|---|
| 出 品 人 | 聂雄前 |
| 责任编辑 | 班国春 |
| | 李　春 |
| 责任技编 | 蔡梅琴 |
| 装帧设计 | 线艺设计 |

| | |
|---|---|
| 出版发行 | 海天出版社 |
| 地　　址 | 深圳市彩田路海天综合大厦7-8层（518033） |
| 网　　址 | www.htph.com.cn |
| 订购电话 | 0755-83460202（批发）83460239（邮购） |
| 设计制作 | 深圳市线艺形象设计有限公司 0755-83460339 |
| 印　　刷 | 深圳市希望印务有限公司 |
| 开　　本 | 889mm×1194mm 1/32 |
| 印　　张 | 4 |
| 字　　数 | 80千 |
| 版　　次 | 2016年9月第1版 |
| 印　　次 | 2016年9月第1次 |
| 印　　数 | 1-5000册 |
| 定　　价 | 26.00元 |

海天版图书版权所有，侵权必究。
海天版图书凡有印装质量问题，请随时向承印厂调换。

# 序 PREFACE

要做父亲，得先有娃儿，得有模有样。

常言道，要有两个人才能生出娃儿，要有一个爸爸和一个妈妈共同努力。也许时代不同了，也许未必一定要爸爸妈妈才生得出宝贝。但这里不讨论新款科技，本日志基于传统。

打我记事起，我一直想有个家，有老婆和孩子的那种家。1973年我遇到戴安，她让我把想要的都实现了。我们共同走过的路歪歪斜斜，有枝有节，有的是山区羊肠小道，有的是掉头再掉头。她走过的路应该说是顺顺当当的，而我则到处碰壁直到遇上了戴安。

我们相遇前都有些故事，常人的那种。总而言之，认识自己要通过认识过去的人和事。

谁能确信两个人关系的发展是好是坏？对于这个问题，也许我们会争吵，一直吵到凤凰城[a]结冰。关系是如

---

① 位于美国亚利桑那州，干燥炎热。

何发现的,是遵循着我们的人生之旅,还是由超强神力给我们带来了完美的、不可多得的导航仪,让我们在某个路口、某个时刻,刚好相遇?或许纯属巧合与机遇。

随你怎么想,总有聪明人会反驳你。关系源于何处,有一点是非常确信的,你得喜欢你要婚嫁的人。就是,喜欢,不是爱情。当然,爱情是原动力,是生命的本质。因为爱情让你驾驭人生,爱情在婚姻中的角色无可争辩。

即便如此,我自信没人愿意站出来争辩,爱一个人却不喜欢那个人。是否因为这个原因,世界离婚率才那么高?(顺便提一下,美国的离婚率在下降,但糟糕的是其原因可能是越来越少的人愿意结婚。)

是的,得先喜欢那个人,因为当孩子们长大飞走时,就只有那个人与你了。

就是这两个人,开启了整本书。

# 目录
## CONTENTS

第一章　初为人父　/ 1

第二章　婴儿食物与打扮　/ 15

第三章　房子与承诺　/ 31

第四章　辫子与午餐钱　/ 47

第五章　惊喜与侥幸　/ 61

第六章　争斗与钢琴课　/ 89

第七章　假如但值得　/ 111

后　记　当家成了空巢　/ 121

# 第一章

## 初为人父

## 第一章  初为人父

生活到处都是感觉，感觉是种神奇的东西。它似一种无形的力量，影响着我们的观点，激励着我们的意志，劝导或直接谴责我们，不要做重复的事。感觉让我们过滤生活，看清一些，也让一些变模糊。

在我生命之秋，我尝试着把这些感受列个次序。是的，列个次序。你可能从来没有尝试过……

\* \* \*

十一岁那年，我和我的家人离开了密西西比州的一个叫鲍德温的小镇，搬到南加州橙县的一个新家，那地方确切地讲，叫富勒顿。我父亲必须在公立学校教两年书才能拿到证书，那时一名密西西比州的老师工资与大城市贫民区里伸手要钱的人挣得差不多。真的，1962年木兰花州持证教师年收入全美属底，仅3560美元，而加州偏高，有6900美元。

## 当爹 其实不容易

加州，我们来了。

我们挤进单程出租的宽大轿车，沿国道 66 号向加州的圣贝纳迪诺行进。三千多公里，沿途我们经过城市、州县、沙漠、草原、河流与山川，那些我做梦都没去过的地方。

最后我们翻过圣贝纳迪诺山区，我第一眼看到山脚下如此华贵的加州城市，我被美呆了。加州，我的新世界，从未开启过的声色宝藏，在从密西西比州移居而来的十一岁少年面前呈现了。那光景很殊胜，感觉奇特：激动，担心，震撼，期待，猜测，幻想。所有这些感觉合在一起，成了我年轻生命的感觉记忆。感觉自己沿着梦幻般的路，走向了新的山与谷，与别的路会合了，又分开了，最终到了那个心所向往的地方，在那里我成了我自己，做我要做的事。

是的，这个感觉正是头三种感觉之一。

\* \* \*

我一直喜欢女孩子。这一点无可否认。上苍造我时，给了我一种能力，当喜欢的人走过我身边时，我不会错过。我时不时地享受这种男女朋友的关系，有时蜻蜓点水，有时攻于心计。这样的情怀贯穿于我的年轻生命。我一生认识一些美妙的 XX 染色体，孩提时代可爱的佩吉、芭比、艾米丽、露丝玛丽、琳达、莎丽，青少年时代的康妮、玛戈、

## 第一章　初为人父

朱蒂、黛比，再到成年时代差点脱钩的露西、朱蒂。她们个个都是好女孩。有些无疑在我人生中帮助我做出正确判断，让我拥抱生命，没有她们或许路走得很苦很累。这也就是常言的挚友。我真心地感激她们。

假如不是书写而是讲述，我一准唱一首《给所有我爱过的女孩》，给那些所有美好的记忆。

是的，这些女孩们都可爱且特别。那些与我待过几年的到现在我依然觉得她们可爱且特别。可当我在1973年遇到黛安，我知道她可能是那个单子上的最后一名。

好事总花点时间，男人有时总显得呆板，像拖车的套钩，给力与拉力总显得被动。男的生来就那样，他只管出牌。尽管如此，我与黛安的关系仍然有点出乎寻常。不久，我发现我们的关系不会让我失望。

认识黛安不久，我回几百公里外的大学念书。我就这样离开了，也没有留下正式的承诺。仅仅过了两个礼拜，我感觉到我想要什么了。你可以用最后一张邓肯钻石店的优惠券打赌，我不会等到感恩节假期再去橙县。

电话将成为我的最好的朋友。

＊＊＊

1973年9月10号，我拿起厨房墙上的电话，那是个

## 当爹 其实不容易

西电子公司 2554 型号的樱桃红色电话,我摁了一串数字按钮,接通加州普拉森的拉达茨家。心吊在嗓门儿上,腿发抖,像是在仪仗队里敲鼓行走,肺里呼出的二氧化碳可以供整个森林呼吸。那会儿身体都散架了,可以进加护病房。脑子里一直响着电话拨打等待中的声音,等对方接电话时,神经都搭不上了。有这样的研究报道,"人脑在超短时间内能同时处理与反应如此高难度、大数量的信息,且有莫里斯先生这样的经历的,从神经学、感官功能和化学反应上来说均不可能。这样的例子在1973年的9月10号晚间发生了"。

上述研究加了引号,是因为这是我编的。若有人真做类似研究,我准保证结论是同样的。

黛安的母亲琼安接的电话,我记得当时我挺开心的,细节有点模糊。电话的铃声好像响了超百千亿次数,我有足够的时间昏厥两次,咬断三个手指甲盖。

"喂?"

"哦,喂,是拉达茨女士吗?"我有点儿结巴,"我叫凯文,凯文·莫里斯,黛安在吗?"

"噢,是凯文!你好吗?"

"我挺好的,谢谢。您呢?"

"我们都很不错。我想妮妮在的,稍等,我去喊她。"

## 第一章　初为人父

然后就是一段空白的等候。

仿佛掉进时间的空洞里,像是已经过去了四个星期,恍惚之间听到黛安细甜的声音。

"凯文是你吗?"她听起来挺开心的,我当时忐忑的心很难判断。

"喂,是我。"我试着附和她的快乐,但舌头打结,感觉又粗又硬,舌尖卡在喉咙里,鬼知道我心里想什么。但不是无所畏惧,这点我肯定。

接下来的大都是闲聊的话。她说她很开心听我说学校不错,我喜欢我的公寓和室友;她也忙这忙那。我很惊讶她还没有找个其他的帅小伙替代我。

好了,我只剩最后我想表达的。我知道我要说什么,就像一个大富豪头上的花帽那样引人注意。我终于到了路口,我得想好说怎样的话。我想,不论我怎样措辞,口气如何,我都得面对即将来临的情感的敌人。

我不是说黛安,她不是敌人,不是情感的或别的。勇气,我在说,勇气。

"我……啊……想了……嗯……好多,我想……嗯……我的意思是,我在想,你是否……啊……你是否……愿意嫁给我。"就那样我说完了。

"我愿意!"

## 当爹其实不容易

没有停顿，没有迟疑，没有需要澄清。也许是没有得让我想想，回头再说。

至少我想没有停顿，我的时间观念也许有偏差。也许那个回答是我问话之后 27 分钟，我当时脑袋一团混乱。

不管多久还是没有多久，答案是愿意。

她说愿意。

哦。

就那两个字，我又一次看到 1963 年元旦我看到的圣贝纳迪诺山丘下边延绵的路以及它展现的美好未来。现在我更能看到那些高速公路通向更远处。从这里，我将承受快乐、挑战、悲伤、失败，所有的机遇都是我的，这样的情景像是在电影里。我那一刻知道好事来临了，而且更多的好事会接踵而来。我的担心消失了，思绪清晰了，注意力集中了。所有这些凝聚成最完美的组合，希望又确信，激动又淡定，期待又耐心。

那，就那儿——上述是我的头三种感觉之一。

\*\*\*

黛安与我结婚了。不多久，她怀孕了。白天接着黑夜。对我们而言，生娃是结婚后顺顺当当的下一步，重复祖祖辈辈做过的事。我们为孩子祝福，期待他们长大成人。我

## 第一章　初为人父

们也没有怎么计划，就跟现在的年轻人一样。真的，没有规划，孩子就来了。

别误会，我们对即将降临的孩子激动不已。黛安家共有七个兄弟姐妹，以现在的标准看是个大家庭。我家四个孩子，算是中等家庭。我们的原始家庭多少对我们有影响，我俩都想有自己的孩子。

我们要的是现实。尽管有时早上黛安会有妊娠反应，弄得我俩紧张兮兮，但我们还是欣喜超过害怕。也感到卑微，我们要为人父母，全权负责把孩子带到这个世界，抚养成人。

预产期快到了，我是说说容易，想着这么个小不点要与我们在同一屋檐下生活几十年。在1975年，孩子蹦出来前父母不知道娃儿是男是女，当时不足为奇。因为不知是男是女，家里为即将降生的孩子准备的房间刷成黄色绿色相间，在准妈妈庆生欢聚会上，亲朋好友买了好多男女娃都适合的小连衣衫和小靴子。我们那时也买不起太多的东西，也不希望买好多粉红色的衣物却发现降生的是男娃。

黛安快临盆了。别人都说四十礼拜怀孕生娃，很精确似的，但我们总觉得这小家伙随时都会没有给我们通知就降生。

## 当爹其实不容易

当然,也不是完全没有通知。黛安察觉到了。

没多久,我也察觉到了。也许我有点慢,最终我还是察觉了。黛安的肚子像河马的一样,小家伙一天天长大,希望今天就是那一天。日子一天天地过去,我开始急了,急得像是犹他州的民主党。每天我上课,然后晚上做工,照顾八名残疾儿童。我耳朵都竖着,时刻注意每个电话铃声。急,咋不快生啊。觉得孩子生下来,我们就能赶紧到附近的大学给孩子注册。

我都觉得黛安有可能在我上课的时候把孩子生下来,那时又找不到我。只有将为人父的人才能理解,一周7天、每天24小时祈祷自己的心肝宝贝出来时与自己的作息时间是不冲突的,而我能在那一刻找得到一个电话。

\* \* \*

预产期过去整整四个礼拜了,我和黛安到医院看平时给她做检查的医生。我俩专心地听医生说,肚子里的小家伙好好的。他坚持说,啥都不用担心,一切都好好的。

"哦,也许对你来说一切都好,"我冲着这个太有耐心的妇产科医生说,"可对我太太来说,整个都拖得有点久。我与她有同感。"

这位戴着手套、装备标准的男医生笑着,设法平息我

## 第一章　初为人父

这个变得越来越不耐烦、焦躁的准爸爸，我怎么觉得越来越不对劲儿。我没日没夜地担心，真是受够了。我父亲常说，我受够了，再多就生事。我直截了当地告诉医生，办法只有一个，他必须让黛安进医院，帮帮忙。要不然，我和已经疲惫不堪的产妇，带上30毫升蓖麻油，开车到附近的山谷里自己弄去。

晚上6点，我们住进了当地医院的产房。没等别人问候，黛安就已经气喘吁吁，做好生产的架势。之前我陪宝宝的妈妈去上生产的课，学习如何呼吸与用力。到这时感觉啥都没学到。见鬼，我平时自己头发分哪边有时都搞不清，哪里知道分娩时那么多的用力与支持原则。我手忙脚乱弄得与黛安一样气喘吁吁，却像公猪的奶头一样没用。我所做的似乎只有加剧黛安的痛苦。悲惨，看这样无畏的女性全凭自身的力气，没有用药，没有在脊椎上打麻药，连按摩头皮也没有。她挣扎着，勇敢地挺着，抱怨比我少多了。她经受痛苦，我的好言好语似乎都成了匕首，而不是玫瑰花瓣。

女人的生产应属人类痛苦之首。相比之下，男人感受的刺痛变得无足轻重。看看，我们男人从出生到埋进黄土都被灌输着这样的教义，我们是天神守护，城堡的看守者，家庭卫士。我们守卫家园。我们把苦痛，伤害，委屈，危险拒之门外，让孩子与老婆免受磨难。我们时刻准备着克服困难，挑战危险，甚至决斗，以免让家人受苦。

可是在生孩子这个节骨眼上，眼睁睁地看着自己心爱的人经受超乎寻常的痛苦，却什么都做不了。

无能为力。

谈论痛苦的话，这就是。这是终极的痛苦，只有做父亲的才能体会，也只有做父亲才能理解。

我们得到的回报却是："走远一点，以后再也不要碰我。"

看看，为人父在爱人生产时经受无助的煎熬。我们得额外多付出一些东西。我们承受鞭打，每一次阵痛，针刺，宫缩，用力、等等、不要用力，好像都是男人们的罪过。本来嘛，决定生小孩时是两个人的事，而这时所有脏活都是做父亲的错。这么简单有效的推断不是言语能表达的。男人也该大吼一声，在夜深人静时双膝下跪，祈求性灵顿开。

那是 1975 年 10 月 14 日凌晨。

***

就在我无助无用、心力交瘁的那一刻，安妮降生了。这是一个完美的结局，是一个强大的冲击，一边是甘愿忍受痛苦的母亲，另一边是勇于承担背叛与攻击的父亲。

## 第一章　初为人父

娃儿第一声啼哭,细而尖,如星火却欢愉。这声音是我从未听过的,也未曾想象过我能听到。它犹如天使降临,向我飞来,那声音刺过我的心与灵,那样的感动我发誓从未有过。

那一刻,我想起儿时随家人翻山越岭时设想人生之旅、未来之路。这回是真真切切的,我的人生之路,不是简单地与另一人交错。这一次要复杂得多,好比一个众多高速公路的汇集处。

安妮的啼哭预言了她的生活在向前,开始会跟我一道,以后会转向自己的道。尽管分道,但我仍能看到,不,能感受到那个道路是延续我的意愿、我的价值、任何我觉得重要的一切。我感受到这条路最终伸向何方,伸向我无法触及的地方。但我女儿可以,她能感触那个地方。

那一刻,我的心静不下来,思绪排山倒海,纯正,美妙,无处安歇。

对啦,那种感觉就是头三种之一。容我再尽兴一下,把我当个顽皮男娃。我所能做的是归类,标签"头几种"感觉,不,这个描述仍不妥帖。我在快写完之前,作个劝说,也许那样会更接近我要说的。

孩子的第一声哭很难说比我十一岁时第一眼看到加州那一刻更振奋,或者说比黛安在我向她求婚时她说"我愿

## 当爹其实不容易

意"更美丽。但是娃儿哭声带来的新奇，纤细复杂，那样的情感与上述情感显然不同。

看呐，这份情感如纯净雨水，沿着橡木桶边溢出，浸入黑色沃土。我直觉意识到，这份情感是独特的，巨大的，因此而诞生类似的情感。我无法数清，只知道它们会来，像确信格林·琼斯（Green Jeans）的裤子不是蓝色的。我会在今后的岁月一次又一次地享受到惊诧与欢乐。

我知道我还有之后两次听到娃儿们的哭声，看到两个儿子克里斯托弗与杰里米的降生。我会看着孩子们长大成人，做好多有益之事，然后婚嫁给特别的人，组织自己的家庭。

我知道今后有至少九次机会做爷爷或外公。我会与黛安一起与儿女们一起看到孙辈们降生，看他们长大成人，做好多善事，然后他们会婚嫁给特别的人，开始自己的家庭。我与太太和子孙们看到曾孙们降生。如果上苍给我们足够长的生命，也许我们能见证他们奇妙的生命旅程。

当我第一个孩子生下来，我感到，不，我能预知，我在今后的人生里一次又一次地享受这份欢愉，直到永远。对啦，这份感觉不是简单的头三种，我的朋友，那是所有情感之最。

# 第二章

## 婴儿食物与打扮

## 第二章　婴儿食物与打扮

很多时候父亲是不在家的。他们在工作，处理杂事，与儿子们打球，等等。反正他们在外边。

说起来有点丢人现眼。男人的真本事不是在办公室，不是在大街上，也不是在篮球场上。他的能耐是在孩子们在的地方。至少我发现是在那里。

这样说有点沮丧。但我打赌，天地造化让父亲不待在育婴房。这也许是上天的安排。宝宝出生后头几个月里，照顾她是挺难的，并不是每个寻常男士都愿意积极地投身于看护孩子这样乱糟糟的让人皱眉的差事。

公正地说，也许是因为我们的基因或者我们的性别，因此而造就了这样的社会规范。不管是啥起源，一般的父亲角色就是没有心思与耐心绕着育婴房转。

也不能责怪我们做父亲的。那差事看着就有些头大。比如尿片，装在里边的怪物最好扔得远远的。娃儿吃的东西都是过滤了的，纯而又纯的奶啊、浆啊之类的，一部分是吃进去，一部分是掉在嘴边或者喂食的人身上。这可苦了我们的鼻子。那些东西成分复杂，吃进去之后拉出来的，最好别提。婴儿头几个礼拜或几个月可能仍在从母体到人间的适应过程中，像是在疗伤。

父亲时不时从母亲那儿获得帮助，不是想偷懒。有时他被紧急喊叫，他必须知道如何应对。我不是吹的，我不会宣称自己是全能爸爸。我敢打包票的是，这些经历让我从鲁莽无措走向一个父亲角色，让我拥有一些非同寻常的技能，换尿片是其中之一。

* * *

1974年我和戴安回到学校继续大学课程，我在一个残疾人居住所做一份兼职工作。那地方有千把人，年龄有大有小，有婴儿、学龄前儿童、青少年，也有成年人与长者。残障程度有极严重的到基本看不出有啥毛病的。这个居所简直就是一个训练营，所有的房子与活动内容都根据年龄、性别、残障程度、身体状况和行为偏差划分。

在那儿我跟一个心理医生工作，分配在一个聋哑部门做兼职助理，一干就是十年。那地方有十个孩子，年龄八岁到十多岁。那会儿国家对聋哑人的照顾是竭尽全力的，配备的员工是一对一，而训练营的其他部门则是一个员工

## 第二章　婴儿食物与打扮

看管八到十个残疾人。我在那儿做晚班,照看一个八岁的男孩。

赫克托是个棒棒的孩子。尽管他有严重的智障,眼睛不好使,耳朵也听不太清,一天到晚不说一句话,但他有迷死人的性格。我说他很可爱。这不是我们莫里斯家惯用的字眼。我的孙儿们得问我为啥用这等女孩气的词。也许是吧。赫克托是可爱——我是说,他像太空的黑洞把我这个看护人吸进去了。因为智障与失聪,这小家伙的生活自理能力不能与同龄人相提并论。不会穿衣,不能自己吃饭,连上厕所都不会。他要别人帮忙完成这些事情,然后尽可能学习去做。

我就是那个帮他生活起居的人。

教赫克托生活自理的小细节大多没什么困难,其中如厕是最困难的。换他的尿布,显然不是什么有趣的事情。但这是我的工作。事实上,除了换赫克托的小号尿布,我时不时被喊去换老人的尿布。

说也奇怪,换尿布这活干了没多久也就不那么大惊小怪了。我可以左手洗尿布,擦肥皂,听《世界冲你而来》的歌曲,右手抓花生酱黄油面包,照吃不误。

那时候的尿片可不像现在的,整齐、好看、防湿,尺寸从小小孩到大一点的孩子不等。不,那时的尿片是布做

## 当爹其实不容易

的，料子简单，没有式样、颜色，方方正正叠起来，最后用两个回形针钉上。因为布会被便便浸透，所以布后边有一层塑料保湿纸。每一片尿布用过之后得把便便丢进马桶，稍作清洗然后放在一个大筐子里，等洗衣服那天一起洗。那个筐子老有一股臭香怪味，记不起但总能闻到。

训练营晾衣服的地方可不小。那些个晾衣架子撑起来可以作帐篷，把克利夫兰的坏蛋们都收拢进来。光夹尿布的夹子排起来就有一百米长。顺便说一下，尿布清理时，你要不小心倒歪了，便便弄手上或指甲盖里，别人老远就能闻到。回形针的地方很容易让指甲盖沾上脏东西。

喔哟！

想起来，1969年露西参加高中毕业舞会，还有黛比参加同学会的时候，我要有这个回形针别花的技能就妥了。那样的话她们在舞会上会不会跳得更欢一点儿。

给小女儿用的尿布也是白色的纯棉小布，与训练营的相比小多了，但仍要用回形针。小归小，仍旧是回形针，不小心戳一下也不至于像训练营的回形针刺一下那么痛。两者比较，就像是手榴弹与原子弹的差别，刺痛程度不一样，但总归是痛。要戳到小屁股上一定又得跑医院，保险费又得涨。

说真的，孩子降生时我所面对的尿布问题，于我早已

## 第二章　婴儿食物与打扮

有专门训练。就像能吓到克里夫·巴克（恐怖小说作家）、约翰·卡彭特（恐怖电影导演）和布莱恩·德·帕尔玛（当代悬疑大师）的事，才能让我感到惊奇。所以第一次给宝宝换尿布时，我心想，那就是了，就那么一点点吗？就像一个人惯于在齐腰的河里干活，忽然踩在泥地里，甭提有多省力。

好多初为人父的男子汉们抱怨起夜、换尿布之类，对我来说，就像是轻手轻脚地穿过郁金香花丛。

\* \* \*

有时我不想写作。

有些事当时感觉很确定而且满有激情，自以为找到了无可辩驳的不变真理，写出来要加好几个叹号。但刚写出来，下一秒想法就变了。

举例。

我之前声称我的工作经历让我日后当父亲得心应手，似乎做父亲的啥都能做。我像是小孩子扯淡，起码是有点夸张。

我在训练营的工作让我幸免于被娃儿尿布吓蒙，那东西简直像传染的细菌。喂孩子吃饭也决非容易，以前的经历未必能让自己对婴儿的食物无动于衷。见鬼，那东西几乎不可以称作食物。

对，就叫东西。装玻璃瓶里边的东西从来没有让我喜欢过，从来没有接受过，决不尝试，不，决不。

过滤过的食物总显得平淡无奇。我指的是过滤过的东西。上苍从来没有想到要把胡萝卜、大头菜、茄子挤成糊状，然后再吃。还有豌豆、桃子、梨、李子，这些东西从地上或树上长出来就是固体的，它们就该这样被吃掉。对吧，啃着吃而不是喝汤一样吸着吃。也许苹果汁例外，咱不谈那个。

谈谈那些个调了吃的麦片，简直不想提起。那东西就是难吃、难看。要有例外就是凳子椅子坏了，找点麦片，放碗里，只要加点水，捏成小球贴到凳子椅子松动的地方，嘿，家具就修好了。那麦片的粘合力胜过艾马牌糨糊。

［作者提示，商标派拉姆取自拉丁语，原意就是食物。我建议所有婴儿奶粉之类叫东西，不要叫食品。］

不仅如此，所有肉类挤成粉都列入违禁食品。把这些东西给孩子们吃简直是一种污辱，操作也没有趣味。你想想，把鸡肉、牛肉、火鸡肉弄个吸管吸进肚，几乎得让正常成年人双膝跪地，而且喂时我们真是跪着的。我们眼睛都不眨地把这些东西喂给小家伙们吃。

## 第二章　婴儿食物与打扮

如果你问我，我会说硬要我喂孩子的那些东西着实有点反胃。我有时觉得好笑，家里堆了多少这样的东西：烘烤南瓜石榴黄油花，苹果香肉瓜片，蔬菜绿豆香羹，烘烤阿拉斯加大比目鱼牛油果酱，白萝卜茄子节瓜香。这些个东西大人们是否绞尽脑汁做了好多噩梦才弄出来？有点像安迪·沃霍尔不着边际的画板。你就想赶紧踢跑那头一个营销主管。

我是从来没有尝过那些东西，就是威胁我二十七小时连轴看特百惠塑料盒广告，我也不干。

甜点，也许马马虎虎能给小孩子吃进去，咽进食道。那可以。也并不是所有甜点。山芋香蕉糊，牛油果泥，黄瓜西瓜汁等等，半点不能吊我胃口。一想起那些东西，那些怪味常让我跑厕所干呕。虽然我吃那些东西已经三十年过去了。

布丁不一样。布丁稍作修改变成婴儿食品，还是可以吃的。婴儿布丁就是布丁，那成分色调就是。不像别的从某个腿上捣成泥状的东西，布丁农场可不是这样做东西的。布丁不像过滤的蔬菜汁，混合的瓜果，或者捣成泥状的肉类，放容器里不会滴漏，渣滓掉得到处都是。那是正经的食品。

我承认给孩子吃之前要加点盐或者糖，也算是有点掺杂。不像上述的果汁、肉冻之类，要我吃婴儿的布丁，我从不犹豫。

但是不管是啥东西，喂给自己的孩子，总有问题。

* * *

每个上过这里公立学校的人都喜欢时不时来的代课老师。我知道我喜欢。这些老师无一幸免地受到学生的捉弄。学生总是铆足了劲整一下那些个为社区服务的老师们。通常错在老师本身。他们总以为孩子们知道课程上到哪儿，做到某一页的功课。他们以为孩子们会老实巴交地讲出实情。

孩子们总有自己的玩耍目标。代课老师就像是和平使者，总拗不过学生折腾。老师会说："同学们，昨天课上到哪儿了？"孩子们一听，代课老师啥都不知道，他得全凭我们调遣。

也许我的娃娃们没有像中学生对付代课老师那样有预谋和头头是道，别搞错，那些小鬼们坐在高翘椅子里，操控着周围。

椅子决定屁股啊。

只要老爹一坐在高脚餐椅边上，小脑袋瓜就来势了。

游戏开始。

## 第二章  婴儿食物与打扮

我觉得面对六个月大的孩子,她坐在高翘椅子里,DNA 结构要比我强,只是我手里有一个婴儿汤勺和一个婴儿罐头。

这不足为奇。

娃儿会捉弄人。时不时从我打开罐头那一刻起,她就跟我叫板,不是嘴不张开,就是张了不合。弄得食物到处都是,害得我得打电话到"弗莱德食品急救中心",怀疑食物不安全。

这么个小东西嘴角肌肉结构却完全能操作自如,有张有弛,得心应手。她要吃,嘴巴张大刚刚好。我得趁她嘴巴合拢之前,把东西塞进去。这之间恐怕只是十亿分之一秒那么短。可把老爹整惨啰。

她要发脾气,家里就像是在过鬼节。

更气人的是,那些个东西我怀疑根本没营养。我只是遵循传统,用上一辈人传下来的方式喂养孩子。

掉了,刮起,塞嘴巴,再掉再塞,这样的育儿攻略。

你知道我在说什么。你拿起小勺子,操起一小口,连哄带骗把东西塞进孩子嘴里。这操作有点像飞机撞进仓库。东西进去了,不知道哪里的法规,第一口总不会全咽下去。在嘴里停了一下下,东西会掉出来,出来的可不再是食物,和了口水鼻涕眼泪,掉得满嘴满脸。你拿起小勺子,继续

## 当爹其实不容易

刮起来,塞嘴巴里,终于咽下去了。然后会继续吐出,铲起,塞。

吐出来,铲起来,塞嘴里。

一次又一次,直到东西塞完。

吃完东西收拾好,又得喂甜点。自己累得像沙漠里的骆驼刚用完所有库存的水,筋疲力尽。我得重新站好,用铲子机械地把布丁或者樱桃馅饼或者牛油果送到孩子嘴边,希望食物能进她嘴里,或者至少掉在她身上,然后通过某种方式渗透进去。

那架势准不太雅观。

妈妈在时情况就不太一样。小家伙准是饿了,开开心心合作愉快地张合有序,干净利落。妈妈手边还能有几张叠好的餐巾纸。

所有不好玩的都留给老爸,就像我是代课老师。

多年以后,我终于学会我得像代课老师一样,一手挥着尺子,另一手拿着字典向学生们喊:"我是老师!我是老师!"

* * *

那年是 1969 年,我在大学念书,与室友斯考特谈到某个很奇怪的话题,唇与鼻。

## 第二章　婴儿食物与打扮

对，就是两片嘴巴与两个鼻孔。我跟你讲那是个奇怪的讨论。

记不起来啥原因，可能是上动物学课有同学做课题表演；也可能是班上某个女孩长着可爱的鼻子与嘴唇引起了我们的注意；最后一个可能是斯考特打了我一拳，我们在争辩伤在嘴的哪个部位。真是稀奇古怪，两个大学生会无聊到讨论唇与鼻。

我们是真真切切谈过这个。

更确切地讲，我们是在争鼻子底下，上唇之间那块起伏凹进的部位。哎，那部位居然还有名字，我从来不知道。斯考特却知道，他说那叫人中。

我以为大学让我学会我所有想学的。这家伙考我，人中做啥用，问得我一下子觉得大学里还有很多东西没学通。我坦白讲，我不知道人中管什么用。

"唉，那东西的功能是帮助鼻子引导里面的东西往外流。"他这样解释。

嗯。

这个事实一直跟了我四十三年。可能要学的东西太多，我从来就没有怀疑过，或者努力一下求证这家伙讲的真伪。

现在才知道，不是那回事。

## 当爹其实不容易

大多数有关人中的讨论都比较模糊,与吃、说话之类无关紧要。尽管那东西没用,可总是身体的部位啊,它在那儿总有人把它与某个东西联系在一起。

有人这样联系的。

古人说这片东西与爱有关。就是这个字也源于希腊文,后人就相信古人不无道理。古希腊文这个人中的意思是爱,吻,魅力,迷魂药,或魔咒。看起来人中的意义多与爱情有关,与鼻涕掉下来关联不多。

这样想来我的老友斯考特给我传递的信息不知道有多少是掺杂水分的。

好笑的是,尽管那家伙说得不靠谱,但也不好说他全错。你细细看小孩子的鼻子,流着鼻涕,真像他说的那样。

在我照看孩子的那些年,鼻子底下那块东西常常要我给它清洗。

\* \* \*

娃儿小时候都是小鼻子小眼睛的。你想再怎么脏也不会有太大麻烦。问题是妈妈可不这样看,她要求干干净净一丝不苟,不许有任何东西在鼻子里,鼻子外,鼻子周围。做爸爸的觉得粘点东西没啥了不起,无须劳师动众,时间长了自己就掉了,管它做啥。我大可高枕无忧,

## 第二章　婴儿食物与打扮

束之高阁。

可是妈妈坚持说我们得正视这个问题。我老以为她要不立即采取行动的话，就会违反母亲联盟的某个规定。

处理这个问题还真有工具的。那东西是蓝色的，一端尖尖的，另一端是个空的吸球，用来把鼻子里面的东西吸出来。操作起来，先是挤吸球，把尖的管子伸到鼻孔，然后松开吸球，就会听见咝咝的吸东西的声音。这些黏黏的东西就出来了。

这东西不怎么好使。孩子也恨。每次做这个事情，总像是打杖，武器是吸黏器，敌人是娃儿鼻腔里的黏液。我是勇士，她不是哭就是闹。

做爸爸的对用这个吸黏器也是有恐惧感。吸却老吸不完，然后就怀疑自己是否没有能力照料好孩子。吸啊，吸，感觉要吸到把娃儿肠里的东西都要吸出来了，能不让做爸爸的提心吊胆，夜里做噩梦？那东西没完没了，一直通到没有尽头的鼻子国了。

这国不存在，但老觉得可能有。我告诉你，可能有。

\*\*\*

不管是换尿布，喂奶粉，还是吸鼻涕，做爸爸的真的也一刻不停，任劳任怨。多恶心，多心烦也得与妈妈联

## 当爹其实不容易

手把孩子养大。有些爸爸们可能选择埋头工作挣钱，或者找机会溜出家门打篮球，逛个酒吧，可我得说，好爸爸是要陪在妻儿边上的。响当当的称职爸爸就是在孩子身边发现的。

# 第三章

# 房子与承诺

## 第三章　房子与承诺

为父的首要责任是守护家庭，为家人提供衣食住行。家里说到底总得有人挣钱，保证家好好的，家门前干净光亮。

这一切又不是一个人能干得出来的。但如果要有人来承担重任的话，还是做父亲的来承担。

总的来说，为父的需养家糊口。至少夫妻要团结，不能太自大，或者男的该怎样，女的该怎样，因为成见不见得有用。夫妻两人通力合作家才牢靠。夫妻双方要有承担，不要斤斤计较。只有这样家才能走过千辛万苦，迎来丰收与成果。

\*\*\*

黛安与我 1974 年在南加州结婚，婚后不久我们回到学校，我继续学业。

婚后我俩很穷。

## 当爹 其实不容易

　　穷，也算是劳苦大众的常态。我们努力工作，挣钱省下每一分钱去缴学费以及供订婚之后的两个人的生活开销。那时以为两个人做学生，生活过得去。我们租了一个新公寓，房租超过我们的预算。那时候两个人的世界，别的都得过且过。直到危机来了，两人才急了，忙得昏了头。

　　黛安在当地的一个车行做全职，我仍在训练营做兼职。那会儿她是两块零五分一小时，一周四十个钟点，我则是两块五毛一小时，一周二十来小时。想这样总能凑合着有饭吃，有车开，身上有衣穿。

　　这样的打算还真管用了一阵子，好歹也有一个半劳动力。

　　可好景不长。

　　婚后才七个月我们知道两个人要变成三个人了。

　　那架势一定会出状况。

　　黛安的肚子一天天大起来，直到有一天必须跟工作说byebye了。生儿育女，就是这样。那会儿真无可选择，有的只是承诺。

　　我们得决定宝宝生出来以后，妈妈是待在家里照顾小娃，还是继续挣那微薄的工资。

　　能怎么处理啊，那会儿我是全日制学生，只能做兼职工作，又不能不上学。那会儿所有的理想与美梦都是建筑

## 第三章  房子与承诺

在我毕业拿到文凭的基础上。我是无论如何不能放弃学业的。我的学生生涯，学生身份，或者职业学生，无论怎么称呼，都是不可以改变的。

那会儿我俩能否用一个人兼职的工资养一家三口子人，简直就是我每天要想的问题。

\* \* \*

毋庸置疑，结了婚的人会面对很多棘手的事情。蜜月之后的每个月每个礼拜，两个人的世界里要做出很多新的决定。尽管我们两边的父母亲都关爱我们，但他们离我们有好几百公里远。那时打长途电话也很昂贵，遇到问题我们只能两个人商量解决。说真的，两个人撑起一片天，承担不轻的义务。

我不是在编故事。

现在回头看看，那会儿发生的事变得很不相同。有时那些事有点滑稽。那时两个人共同面对生活，像在一个烤炉里历练，我们的关系逐渐成熟，也因此而知道彼此是谁，究竟能做什么，做成什么。信赖与相互依靠就是这样在岁岁月月里形成的，在一个个生命的挑战克服之后，我们也学会如何面对今后的问题。

[未曾经历的例子：有时两个人的世界经历太多风风雨

雨，父母亲怎能不担心，多想拉一把，塞点钱。但他们没有这样做，眼不见为净，看着自己的孩子在挣扎心里准不好受。好在我与黛安相互依靠，努力工作，生活反而要比靠父母来得坚实。我想很多家庭都是这样扬起风帆，展示生命的。]

[顺便提一下：不是我们父母亲对我们不管不顾。他们一直念叨我们，像天下很多父母一样。你查查关爱与支持的父母，字典里会有 J.C.、莫尔德、戴尔与琼安的照片。我们与双方父母时有联系，只是他们尊重我们，不轻易强迫我们做这做那。我们与他们分开得比较远，芝麻大的小事沾不到边。婚后的几年里日子过得紧巴巴的，我想实在转不过来，向父母亲伸手，他们会欣然答应的。父母一直在的。]

现在回头看看那会儿我与心爱的人在一起共同面对困难做出决定，我们是那么有原则，浪漫、勇敢、鼓舞人心。当时却只有一个难字，犹如双膝埋在困境里。我们的决定与承诺在当时是合乎情理的，未必适合全世界所有的夫妻，也不太可能，而于我们却是对的。孩子生下来之后，黛安在家带孩子，我用兼职赚的钱养起了家。

## 第三章  房子与承诺

\*\*\*

哎,我兴许在说大话了。

我们选择了让妈妈待在家里。偶尔她也出来打一下零工。孩子尚幼,如果妈妈出去打工了,我得看着孩子。

说说我们买的第一幢房子。

\*\*\*

那是1977年仲夏的一个星期六,我懒懒散散地躺在从老家搬来的沙发里,舒服极了,房子紧凑得体,小,是个两房一厅的公寓房。兴许在想弓箭手悖论,想着即将来临的冬季是否会下足够的雪足够的雨,也或许在想奥格登与拉姆齐可能不经意把维特根斯坦的《逻辑哲学论》翻译错了。

不啦,我只是在幻想。

那念头来时,像电击。我从沙发上坐起,走到厨房,从电话座机下抽出电话黄页本,我翻开来,对黛安说,"我们得买房子。"

印象很清楚,她睁大眼睛,我听见我心爱的人颤颤地说:"我们……买,买什么?买房子?房子?"那会儿我们银行里的存款只有两毛钱,而日用的支票本像一头被租用的驴,两块钱的现金。即便我拿了学士学位,找到做心理学的工作，哪个月能有节余，在莫里斯家也是不常听闻的。

  我那会儿听起来好像抽屉里随手可以抽出二万七千块大洋，可以任意支配。

  根本没有的事。

  穷归穷，思想可以有，电话可以打。我抓起电话本随便找了个房产经纪人的电话，明明知道是星期六，不会有人工作的。我细看了一下房产中介名单，找了就近的，用小指头圈了一下，然后抓起电话，拨了七个数字的电话号码。

  电话响了一两下，居然有人接电话："邻居地产，找哪位？"

  我有些诧异："喂，你好！是这样的，我们在找房子，我们想买房子。"

  我猜这样的问话，经纪公司一定爱听。对她而言我的电话准带来好事。我猜她应该是经纪人，她也没有自我介绍。

  "好啊，"她友好地说，"或许我能帮上你的忙。"

  然后她解释大致程序，对，她是经纪人；不，她通常周六不来，那天忘了什么东西，所以她正巧在办公室。是的，那天碰巧在那儿。

  通完电话，大家彼此知道了一些情况。她有房，我要买房。我知道她很希望能把房子卖掉。我也知道成交以后

## 第三章  房子与承诺

她得要佣金。我还知道她认识一家小型建筑发展公司,在镇的另一端规划造一批房子,动工之前是不需缴钱的。

嗯,听起来很适合我们。

我心想这样正好给我们时间准备首期付款。

"就是,"我们的新朋友这样回答。

就这样,我们敲定了,匆匆地签了几份信用文件。我们选了一个一百平方米不到,高低两层的很平实的设计方案。然后有了一个大致进程的时间表。

我们翘首以待。

一切发生得那么突然而又按部就班地进行着,我们都不知道自己在做什么。黛安在 K-Mart 做收银员,做兼职,晚上和周末的班。

\* \* \*

不知道现在是否有大公司用现金付工资的,那会儿 K-Mart 的员工是拿现金工资的。每个周五公司在店后面准备现金。一边是准备花钱,另一边准备发钱,这两样放一起也许一开始就有点疯狂。人们干完活领了工资,拿着鲜绿的美钞,买衣服、电器、唱片、家用商品,等他们出来的时候,一大堆的现钞又回到店里。股东们尽可以放假玩乐。

而我们得存着买房子,干活的伟大意义就为这个。我

## 当爹其实不容易

们不需要华丽的衣服、大电视,或者巴瑞·曼尼洛的新唱片,或者厨房新式土豆削皮刀。哎,也许曼尼洛的新唱片要的,别的真不需要。我们不可以把上个礼拜挣的在离开店前全花掉。

我有个对策,而且执行得不错。

每个星期五我一下班,先是拐一下小舅子吉姆家,他们离我们不远。黛安的晚班比我下班时稍早一点,我们的弟媳南希帮我们代看一下安妮。通常那都是安妮的小睡时间。她醒来时我接她,然后往 K-Mart 走。我把我的那台绿色达特桑皮卡停在那个超大型停车场,拖着安妮,找到妈妈,然后直奔领工资的地方。黛安接过她工资的信封,签了字,就直接交到我手上。我很小心地把信封装口袋里,穿过服饰区,电器区,唱片区,家居区,出了店门,开了车。从 K-Mart 到银行是一条笔直的线,我把信封里所有的纸币硬币,一分一毛如数装进我们那少得可怜但日益增多的银行账户,期待攒够了付首付。

我每次都这么做,精确没有偏差。

每次我存完钱,我总想起弗兰克·卡普拉的电影《生活多美好》里的一句台词。詹姆斯·斯图尔特吻着两张纸钞,如祈祷般举在眼前:"干杯!干杯!向'美元妈妈'和'美元爸爸'敬酒,你们俩加油,多生点'钱宝宝'。"

## 第三章　房子与承诺

\*\*\*

是的，我们坚守诺言。黛安在未来的几个月里奔命于照看孩子与做收银员之间。那会儿她已经有四个月身孕，怀了我们第二个孩子。而我呢，忙于我的工作和硕士学位，在家里也是忙这忙那。到了截止期，首付终于攒到所需的最低数目，我们终于迎来了我们的新家，小而精致。

我说终于来了，因为这中间有几个波折。如果你有造房子的经历，也许你不会问："啥？造房子怎么会有问题？"也许你造的没有什么挑战，但是我们还是碰到一些问题。起先是一直等开工，仿佛等了二十七年。

终于等到开工，问题更糟糕。

\*\*\*

黛安和我几乎每天都往我们新买房子的空地那儿转转，看看进展，看看有谁在我们新家的地上踩过，做了什么。比如说推土机，地基线，乱草底下的挖沟，泥堆，地鼠搬家，等啊等就是没有动静。

一天又一天就是无声无息。

可是终于有一天，我们突然发现我们的地成了一摊水洼，成了个游泳池。

不信？你看，我们每天都开车转一下，期待看到一堆

## 当爹其实不容易

土，堆在一边，却发现一个方方正正的框子，里面全是水。

我们的地是比周围低的。计划是推土机稍稍刨去一点泥，地基就这样建起。因为地势低，计划是做完地基之后，地下室与地基就用土填了。

显然，推土机的家伙没有看清图纸，他挖了又挖，结果推土机挖到地下水的位置。所以地基就成了游泳池。

好家伙，因为地势低，水塘是地基的部位。

感觉像是过了八十六年，游泳池终于抽干了，污泥填了，然后压缩成水泥一样硬。地基铺了，砖头与木头慢慢地堆砌起来。

我想说进程缓慢但建起来了，但是实在太慢了。

我猜建筑商在房子架子造好后，觉得很好，所以房子有很长时间一直保持这个样子。

终于我们等不及了，再不催促一下，啥事都不会发生。先是试着与建筑商谈，未果。很显然，我们得设法找到能管他的人。

稍作研究，我们找到了一个州承建商注册部门的电话。那个部门管理建筑商，我们打通了电话。对方很友善，听我抱怨，我们已经等了一年，我们那一百平方米的小平房从泥地里只搭个架子。我们公寓房租期到了，变成一个月一个月租，合同变得复杂了。对方理解我们的困难，答

## 第三章　房子与承诺

应帮帮我们。他说等这么长时间是不妥。他要了建筑商的名字，然后礼貌地挂了电话，保证说，他会处理这事。

他还真办了。半个小时之后，那个建筑商打来了电话。

"莫里斯先生，我刚与注册部门通了电话，"他语气好很多，"他们让我给您打电话，给个房子交货日期。我坚信两个月内能让您入住新房。哎，两个月从今天算起。"

我们是受够了，但也没太在意这次他向我们做的保证。要让我们信他，就像相信猪会爬树一样。

显然，有点黑箱作业的神秘。

***

那时房子仍没建好。我们是又欢喜又有些害怕，签了好多文件做了三十年的贷款，利率很好，十二个百分点。与现在的三点五个百分点相比，那会儿房地产可真是热昏了头。

[对过去通胀的看法：因为优惠利率与房贷利率上扬失控，很多专家认为1978年到80年代早期是历史上买房建房最糟糕的一段时期。优惠利率一直上涨，最高是1980年12月19日，利率是二十一点五个百分点，这样高的两位数利率一直持续到1985年。那时我们买房子，情形似乎像我们在拍卖行中了标，只因为拍卖员手抖了一下。我

## 当爹 其实不容易

不这样认为。于我，买房子是我们生活的重要一部分，是通往幸福未来的一个保障。]

在虚线上签完字，我们几乎每天都往工地跑。我们看着房子建起来，这没错。我们还看到弄错的地方，偷工减料的地方，看得心里痒痒的。比方说，你可以从后院的松木做的楼梯走上来到后门，然后走到房子里，到出来时门口的地方兴许会塌下来，让你回不到后门的楼梯。你开了前门，发现门很紧，有板顶着，门没有办法全开，人要进出也许要像卡通片里的奥丽弗那样精瘦才行。

我们跟做活的管事提过这事，但人家没搭理我们。可能因为这个，他做了个很好的决定，把工作辞了。也许是别人帮他做了这个决定，把他炒鱿鱼了。我不得而知，反正他消失了。我只愿这个可怜的家伙换份新工作，并且找到工作中的快乐。

新的工头自然是把房子给整好了，啥问题都没有，也没有耽搁时间，迎接我们迁居。但那仅仅是理想。

他确实把房子整到人可以入住。

显然我们的建筑商对市政府的检查员、建筑规章审核员，都友好。给人的感觉是某个人亏欠了另一个人，这个人又欠了那个人什么……不管是什么理由，反正到交货的日期那天，每个人都好像特别迁就人，乐意倾听别人。但

## 第三章　房子与承诺

是前门依旧不能全开，后门刚打开很漂亮，走进去就看到空地上有污水。后院劣质的木板拆了，但新的没装好。

所以，糟糕的是，我们不能开后院的门，而且得确信小家伙不会在那里玩，然后探究那后面的东西。好在我们总算搬进来了，不用再交房租了，然后花了三个多月把一切都收拾妥当了。

那位建筑商先生在这个区造好后不久，经历了一次致命的心脏病发作。我猜不出是哪件事导致他心肌梗死，我也不想去探究那很明显的原因。

＊＊＊

昨天我与黛安交换日记，希望知道我记录的事例是真实可靠的。

我试着不是在编故事。

谈及过去让我们走在回忆的道路上，我们都很开心。记忆有时让我们感到很困难，只知结果，具体怎么做的，有点摸不到边，它们不是一码事。

记不清当时我们具体做了什么事情才一步步地搬进我们梦想的新房子。当时我们白天黑夜地干活，奔忙于家、学校、店之间。为了确保我们随时都在孩子身边，我们的作息时间表排得极紧凑，国内税收法规与之相比就像是小

## 当爹其实不容易

学二年级的作文。我们得在付首期前把钱赚够,日子过得捉襟见肘。工作有压力,研究生院有压力。我们得与建筑商为完成建房而理论争斗,个中的沮丧如今仍能恍惚记得。我们第二个孩子克里斯托弗也在忙乱中降生了。

像普通大众一样,每一家都有类似经历,写这些故事是不会因此而得个什么奖。别人也是这么过来的。于个人,这些都是人生经历和成功之处,我还是很高兴自己做过那么多的事情。

"我们"是个最关键的词。如果不是两个人心甘情愿地分担责任、工作与压力,也许我们就出不来。我承认黛安那一份要重很多,没有她,家里的成员难保缺胳膊少腿的。

很难想象那些为人父母但要一个人去承担带孩子的责任,又得工作的人。我对他们更是敬重的。

同时又是愉快的。

我们都是无名英雄,两个人同甘共苦风风雨雨,犯过错,走过回头路。现在想想仍然感到欣慰。每一次的困难似乎都更难,克服了,得到的享受也是从未有的。

共同的经历正是两个人心的共鸣,熔炉历练出来的是信任与真爱。如果有来生,我会与孩子的妈妈再来一次。

# 第四章

## 辫子与午餐钱

## 第四章　辫子与午餐钱

并非每件要爸爸做的事都令人不爽。

娃儿出生头几年里，做父亲的总是在身边，很多脏活累活是逃不了的。小家伙慢慢长大了，父亲能做的越来越少，可越来越富有挑战。

对的，为父的角色变得"越奇越怪，越奇越怪"，如少女爱丽丝所说的。他白天工作挣钱，好让一家人在屋檐下舒服生活；在家里则要给女娃梳头，父亲的责任是多样的，有价值的。

如果他有心，他会发现乐在其中。

\*\*\*

黛安在 K-Mart 工作挣房子首付那会儿，猜猜谁在照看我们的女娃。哦，我们偶尔要找一个保姆照看她，但是很少。大部分时间是我在忙家务，而妈妈则在 K-Mart 忙这忙那，帮人找别人找不到的东西。

## 当爹其实不容易

事实上,妈妈晚上和周末上班的主要原因是因为我那会儿在家,我们就不必用保姆。小孩子渐渐学会了上厕所,我就不用再为上一章描述的那样费心了,其实那也难不倒我。至于婴儿食物,我咽一下喉咙,闭上眼也就过去了。孩子很快会用她的小手抓东西吃,我也不用喂那些打碎了的浆啊面糊之类。

而有一样活却没有消减,反而是日渐困难。

梳妆打扮。

作为年轻父亲,我还是懂得很多知识的。呵,我可是大学毕业,有正职工作的。我知道自我本我,学过巴甫洛夫的条件反射,也知道操作规程、行为修正,也教过好多别人家的孩子。我懂点电影、音乐、体育,甚至诗歌。如果要求不高我还能钓鱼打半活结。

对女生的梳妆打扮我却知之甚少。要是与人打赌比赛啥的,我甘拜下风。

可有时却是迫不得已。妈妈不在,做爸爸的只能兼职,总没有妈妈做得好,但也得过且过。

我有点口无遮拦了,其实我对娃儿的很多事情还是挺在行的。比如换尿布,放防湿布,我可以毫不费劲地给孩子穿连体服。又比如洗脸,刷牙,系鞋带,给小手剪指甲。

可是梳头发却是个难题,听起来有点沮丧。

## 第四章　辫子与午餐钱

很多次我给安妮梳完头,她的头发却像是刚被风力机吹过,凌乱无章地长在她漂亮的小脑袋上。

头发不好看,否则娃儿看起来肯定会精神十足。

别看她那么个小不点,爸爸没有把头梳好她是知觉的。因为妈妈梳的头好看多了,那样子像是去演电影、拍照给儿童杂志上照。她很能分辨爸爸梳的辫子不对劲。

感情像我孩提时的狗狗嘎文,回到1965年,我给狗狗剪毛。

\*　\*　\*

1963年我们全家搬到了加州,有位好朋友送了一只泰迪狗,叫嘎文。那是一条白色大狗。起先那朋友给的是一条白里透黄的泰迪狗,名字叫考克特。那条狗可能因为受过创伤,到了我们家一直发抖。算了,我们把那条可怜的狗狗还给朋友。嘎文是朋友第二次送的狗狗。可能也是只怪怪的狗,居然喜欢上了我们家。

嘎文大多数时候像是在山上滚爬过,浑身乱糟糟脏兮兮,偶尔我们会带狗狗到附近的宠物店给它理毛发。洗澡然后吹干,爪子剪得时尚,肩上与两侧剪得齐刷刷,耳朵毛笔直,尾巴翘翘的,店里还给它这儿那儿系上红丝带,全身喷喷香。

## 当爹其实不容易

第一次剪毛，嘎文回到家神气活现，见了谁都摇头晃脑显摆一下。要是别人夸它几句，它开心得几乎像孔雀开屏，扬起头，尾巴翘上天，像是走在奥斯卡颁奖典礼的红地毯上。狗在笑，真的，狗狗会笑的。

家里有只大猫叫铁姬，嘎文得过过招才行。这猫大如狮子，可不好惹。动物如果也给它们分派工作，这家伙可以分到油田而不是待学校里。看到它那么讨厌，铁姬就希望这家伙快点带上狗骨头早点滚蛋。

嘎文自以为是，要讨好这个猫类朋友，在铁姬面前走前走后，前滚后翻，像是在演戏。铁姬走到狗狗面前，对臭狗丝毫不感兴趣，双眼盯着狗狗，然后甩甩头，走了，仿佛在说："滚开，老狗！"

当下狗狗泄气了，你能感到狗狗重重地瘫地板上。头垂了，尾巴耷拉着，它在那儿趴着，无地自容。它躲到电视机后边，在那儿它待了一个礼拜。

当然我们的安妮不是嘎文，两者也不好比。妈妈把她打扮好了，她好看又精神，花枝招展；而爸爸给她编辫子，她美丽的秀发就成了别的什么，她很明白两者的分别。

她要在意的话，兴许也会像嘎文一样躲电视机后面。要知道我给她整的头发有多难看。

做爸爸的该做什么呢。

## 第四章　辫子与午餐钱

＊＊＊

凡事都得用心，有承担，无论是上学还是买房子。给女儿梳妆打扮也应该那样。我得琢磨如何给她把头发打理好。

我发现这需要左手与右手合作。我用右手拿梳子把安妮的头发梳起来。梳子不够宽，头发不会全部梳上来，我的左手得把没有梳到的头发握着，不要乱就可以了。右手就可以上下来回地梳理，只要左手把两侧的头发抓住，越梳越顺。往上往下，两侧梳都行。

给女娃梳个马尾式。

这个需要经验。头发梳顺了，左手按着，右手放下梳子，拿起橡皮筋，这可是细致活。刚开始头发没有刚刚好穿过橡皮筋，稀松如杂草。马尾巴也不在正中间。多次的实践，才能刚刚好，不偏不倚，不太翘不低平。我不断地调试，马尾才正正中中地在她的小脑袋上。

我还试着给安妮梳两个马尾，像辫子吧。保持匀称、正中，要经过好多次尝试。终于弄妥了，孩子看起来说有多漂亮就有多漂亮。两个马尾看起来也新鲜，别人是看不出这是爸爸给扎的。

不论她想要一个马尾还是两个，我都能梳好，人人都知道我这个爸爸当得够可以了。

## 当爹其实不容易

\*\*\*

你知道，你对头生孩子心存恻隐，初为人父母，第一次学习。孩子成了试验品，家长错的她第一个受着。喂食，洗澡，穿衣，哄孩子入睡……所有这一切几乎都是全新的。可怜的娃儿，做爸爸妈妈也得有个适应期，到了第二第三个便得心应手了。通常第一个孩子经受多一点的折磨。

有时回想第一次做爸爸，很多次的过失与不妥当，娃儿居然也没有缺胳膊少腿，周末总能爬到饭桌上吃晚饭。

到老二老三时多少有些进步。克里斯托弗与杰里米却也没有少受罪。他们与姐姐一样要经受磨难，承受父母亲可能犯的过失。

女娃与男娃有很多不一样的地方，大伙都明白。除了特别明显的不同之外，有人会说这与父母亲如何养大他们有关。我不是这样认为的。

老实讲我斗胆构想男孩与女孩来到世间，一出生就男女有别。不信的话，说明你没有带大一个小男孩与一个小女孩过。

不管怎样，你也许会同意照看孩子的一些琐事因性别不同而有所分别。起码我是这么认为的。

举个例子。我发现给男娃穿衣打扮要省事多了。男孩子头发少，喷点水梳一梳，他们就可以去玩了。我不

## 第四章　辫子与午餐钱

需要什么时尚感来打扮男娃,因为那个时候对于男娃的穿衣选择就像交税一样,是没有选择的。女娃是追求时尚的,服装设计师在女装的设计上付出的毫无疑问比男装的多得多。

现在时代不同了,男娃的时尚选择也变得数不胜数。比如 Nike 鞋,男童鞋的式样与大人的一样多;Levi's 牛仔裤有专门为小男孩裁剪的,看起来比夏威夷的风景还漂亮;他们的汗衫,做爸爸的减肥瘦身了照例可以穿。是的,现在的男童服装选择多了。

或许那会儿我们没啥钱,给男孩穿戴的选择很有限。鞋子,要么白的,要么黑的。裤子,要么是难看的,要么是更难看的。选衬衫要么是普普通通的,要么就是不合身的。

孩子日渐长大,穿戴上的选择有所改善。但在别的方面却变得日趋复杂。

比如孩子大了对品牌的追逐日趋明显,这似乎是每一代人都必须有的攀比。这些名牌商标,钉在裤子口袋上,装饰在衬衫上,或者印在鞋子上,仿佛孩子没有装扮这些牌子就不敢去公共场所似的。

有与没有是天大的差别。

也就那会儿做老爹的必须挺起腰杆,做一番说教,教导孩子要节俭,不要人云亦云。这个时候你可以训导他们说:"别人都从悬崖上往下跳,你也跟着跳?"

为人父母总免不了要老生常谈。

每每我在振振有词地教训娃儿时,我脑子里就闪现自己那么大时对品牌是怎么追逐的……喔哟,看那 Levi's 501s 型的裤子,穿着走路有多带劲;那个 London Fog 的披风,简直可以在大雨中潇洒行走而不淋雨;看那 Corbin 的裤子与铜扣皮带,穿着几乎与配枪的战士一样神气;噢,那个 Florsheim 的皮鞋,还有 Keds 的帆布鞋……啧啧,这些品牌的服饰要是弄到我这无用的身躯上,几乎美上天了。那会儿我的衣服都是在没有品牌的百货店里买的,当然价格便宜得多。

天底下没有啥新鲜的呀,潮起潮落,日落月升。

追求品牌是娃儿成长的一部分内容,他们变得越来越有主见。做老爹的,对孩子的这些要求是睁一只眼闭一只眼。我自己在忙研究生院的功课,挣钱养家,小孩子们所做所想我不可能都知道。我会陪他们去网球场,看棒球赛,听音乐会,我尽可能地根据孩子的要求去参加活动。日常的事务妈妈通常也做了,只需有一辆车,一点钱与足够的耐心。

## 第四章　辫子与午餐钱

\*\*\*

三个孩子长大了，白天都上学，黛安琢磨着重回职场，哪怕不是全职。我们住的小区里有几个软件公司的高管，有次聊天说到他们公司的总部有前台服务员的空缺。黛安觉得自己能胜任，只是她仍要照看孩子。出乎她的意料，公司的副总裁同意她送完孩子再上班，下午可以提早回家，赶在孩子们放学前到家。这样的安排好极了，既能顾家，又可挣钱。

她成了那个小公司的第一百三十名雇员。公司发展迅猛，很快扩展到几千人。

黛安的工作内容很快从前台服务变成兼带营销。她要策划产品展览，又要到处跑，先是去加拿大，后来公司扩展后，她要跑纽约、旧金山、巴黎、东京、慕尼黑等知名大都市。

莫里斯家逐渐成了没有妈妈的家，一个月总有个把礼拜见不到黛安。她在家时，朝九晚五，不在时飞这飞那，做好多她知道做的事。

超棒。

\*\*\*

也许我们没有对时间作应有的重视，正所谓什么时

当**爹**其实**不**容易

候做什么事情。适合时宜是多么重要的生活原则。当我们年轻时所做的、所想的、所欣赏的,到年纪一大把时就变味了。

因为时间与阅历,我们变得似乎无所不能。

当时黛安决定为工作而在外奔忙,我决定要承担家务。

事情来了,我就迎接挑战。那会儿学位也到手了,工作也游刃有余,黛安不在时我可以多花点时间在家里既当爹来又当妈。

适合时宜就是这个意思。

我说我能胜任,有点言过其实。起初感觉有点恼人,我得在工作与家庭之间有个平衡。孩子们日渐长大,活动内容多了。家务不再像以前那么简单,要买菜做饭,准备午餐钱,洗衣服,训练打篮球,帮助完成学校作业,去教堂,去上钢琴课,去听音乐会,参加野外考察……空余时间没有了,生活日程安排得满满的,我感觉上帝在故意整我。当然我不会说我不喜欢这样的角色,我尽量沉着、平静地面对每天的生活。

我试着享受那会儿与孩子们在一起的时光。

我要说与孩子们在一起,我有一种能力去感觉孩子们生活里的细节。我现在的阅历足以建议推出一个法律条文

## 第四章　辫子与午餐钱

让妈妈们时不时离开家几日，好让爸爸们做以前没有做过的，学会如何呵护孩子，保证他们有足够的营养与睡眠，耐心地与孩子说话，把家里收拾得井然有序。所有这些都是妈妈们每天必做的。

孩子们也很欢喜，也算是意外收获。

做好父亲的角色，我发现我与孩子是双赢的。孩子们可以从父亲那儿学到一些品性与技能，而父亲也能更好地回想自己小时候的光景。小孩子的所作所为几乎就是自己的翻版，只因为时代变迁，自己记忆老化而忘记，与孩子间的相处会唤起儿时的记忆。

所以当妈妈不在家时，这正好是个适宜的机会，让爸爸可以锻炼一下，为父的要学会给子女们准备午餐钱，送他们上钢琴课，还有其他各种琐事。也让做父亲的明白，照顾孩子起居，不光是衣食，更要有呵护与爱。

当然，黛安没有把我们爷儿四个抛下不管。娃儿们长大了，她才放心地做自己的事业。孩子们从母亲那儿学到很多东西，日后他们会蜕变成优秀、明智、有爱心、有担当的成年人。

如果他们没有成为我的子女，我会想让他们做我的朋友。

## 当爹其实不容易

**\* \* \***

如果说孩子在婴幼儿时期爸爸的角色是砖石,那孩子们长大到青少年,为父就是水泥,把砖石粘牢,地基就牢固。这样的父亲与子女是相互爱的,理解的,尊重的。

他所花的时间造就了起码这两样东西:

一是他与孩子的关系营造了家庭的快乐氛围,父亲的承诺、投入对此是有直接影响的。

二是家是个温馨地盘,那里没有外面世界的残酷争斗。人生苦短怎好冷漠无趣。

## 第五章

# 惊喜与侥幸

## 第五章　惊喜与侥幸

从孩子第一声啼哭来到这个完全陌生的人世间起,到他们长大成人飞离家这个窝,他们一直没有停止让父母操心。因孩子而体验一个惊喜,一个坏消息,一次担心,或者一个微笑,如果每一次小小的经历折算成一块钱,不,哪怕就五分钱,我就拥有一百万啦。

嘿,兴许我富足到可以加满一箱汽油。

正是,任何时候,你注意看一个孩子,你会发现让你为之振奋的东西。这一点毫无疑问。

这当然也是好事。否则做爹妈的哪有机会把几代人传下来的陈词滥调搬出来,用在娃儿身上。因事因时,活学活用,有时是警告,有时是恐吓。

你得长点儿眼睛。我希望你给每个人一份。我不需要再重复。等着你爸爸回来。我开车兜一圈。你早该在我们离开前就走了。我让你哭。你要钻牛角尖,你一辈子也出不来。把手放好。闭嘴,我不想听到你再说一句话。你的

## 当爹其实不容易

脸会冻肿的。将来你会感激我的。

当然还有很多现在想想不该用的字眼。你知道那些话的。一代代的人沿用那些人人都知道的陈词滥调。

孩子从出生开始就不让你闲着,他们天生就喜欢动来动去,一刻也不消停。他们有使不完的精力,直到他们自己翅膀长丰满了,飞离家这个窝。为人父母所经历的是一个长长绵绵的,有惊有喜的,既快乐又沮丧的抚育下一代的艰辛历程。那过程是一辈子的。

要拿一百万的钱去换我的这个经历,我是不干的。

\* \* \*

初为父母,大家都期待头一个孩子能快点长大自己走路。你想,怀抱孩子胳膊多酸疼,腾空的手臂多自在,拿什么都方便。现在的父母有婴儿推车,那感觉却大同小异,如果不用带推车了,走在大街上多惬意。娃儿能自个儿走路了多好,他独立多好。

这么想,我们是那么呆。

"坐好,一点儿都不许动!"娃儿能走能跑时我们发现我们要用新的办法让他们免于危险。当小宝宝能自己翻身时,我们会惊喜地说:"看,我们的孩子会打滚了,多好玩啊。"刚开始孩子只能肚皮挨着地面爬,然后能够爬

## 第五章　惊喜与侥幸

行,然后试着站起来,最后能够迅速跑起来。之后,他们就再也没有慢的时候了。这些变化很快,就像我们周围的世界,一去不复返了。

你会怀疑我是某类主义者,我常想人类发展是按照什么样的设计进行的。我不想质疑造世主,但以我有限的智商实在不明白,小孩子在学会分析一个地方安不安全之前,怎么就能够到处跑呢?

你要问我,我认为这个现象有点儿玄乎。

有一点是非常确信的:因为孩子会动与会想之间的不对称,做父母的就会想方设法早早地注意可能的危险,比如楼梯、电源插孔和任何易碎的东西。

\*\*\*

小安妮学爬时我们住的地方是复式公寓。进门之后,往下走到厨房与客厅,或者往上走到卧房与洗澡间。楼梯让年轻的初为人父母的我们心生畏惧,孩子在楼梯附近爬动或者蹒跚走路,是很让人担心的。一边是好奇的屁都不懂的娃,一边是没有经验的年轻父母。磕碰在所难免,药箱里需要常备着止痛药。

在照看孩子方面,我认为男女有别。妈妈们大都更为谨慎与多虑,爸爸们不是啥都不上心,只是比妈妈们少很多，不到有危险，他们似乎不会大惊小怪。事情要真发生了，他们一定第一时间面对危险。

听起来像是多项选择。

性别差异或者别的什么，反正黛安对我们家的楼梯更加敏感。

事实上，我对黛安对她担心危险的危险的担心，多于对她所担心的危险的担心。

嘿，听起来像绕口令。

我们当然有预防措施。我们买了小铁栅栏，可以装在楼梯上面或者下面，拦着楼梯口。这个东西装上后，让我们踏实了一点儿。但是，小孩子会学着打开这个栅栏，一旦学会，还是会发生可怕的事情。这样一想，大人们要有多担心就有多担心。

我可是心理专家，那会儿在训练营学会了好几招。孩子的行为是可塑的。对于那些有严重智障的娃儿，需要用基本的、简单的方法教他们生活技能。不论教什么，往往都从任务分解开始。比如穿衣，要花心思把这个生活技能分解成一系列步骤，然后按顺序一步一步地教，直至每一步学会了，最后掌握那个生活技能。

有时候得把顺序倒过来教，叫做逆向链接：先教最后一步，最后教第一步。这样当孩子学会第一个动作，整个

## 第五章  惊喜与侥幸

技能就会了,孩子就能自己把大衣穿到身上了。

老实讲,我对逆向链接这样的学习概念不是很上心,对我来说没多大用。

但把一个生活技能分解成一系列的任务,这一点是可取的。

我想这样的分解在训练营管用,拿到家里兴许也有用。

我把安妮带到楼梯口,开始一点点教她如何走楼梯。手扶着墙,一阶,两阶,到拐角那个很糟糕的一阶,对,别把头撞墙上了。没想到娃儿一会儿就会了。我坐在楼梯中间看着她一步步走下来,开心得像人猿泰山在原伞木下自豪地展现自己有多棒一样。

娃儿会走楼梯了,黛安省了好多心,然而还有别的让我们操心。

教会安妮上下楼梯也让我明白一些道理。教孩子学会面对困难而不是逃避。生活工作中总有那么多不顺心的事,有路障、风险,克服了,孩子便长大了。教导孩子如何把握与分析,教孩子保持自己,不要因为可能的危险而放弃做某个事情。好比一只喝醉酒的黄鼠狼怎么跑也不会直走。你教孩子上下楼,不是说让她记得滚下去会有多痛苦,而是教她如何走好,避免痛苦,生活才能向前迈进。不是教

当爹其实不容易

她不管发生什么,父母总在你身边。而是教她,父母不可能随时都在你身边,你要学会避免危险。

我们就是这样引导孩子面对生活里的阶梯的,自己去走,去磨炼,而不是恐惧与躲避。

她现在三十七岁了,啥都好好的。

* * *

小孩子里里外外都面临风险,家里有,外面更多。

有时涉及机械。

人天生对有轮子的东西感兴趣,如自行车。不知道谁决定的,凭什么认为对于孩子来说,两个轮子要比三个轮子更好使。三个轮子的更安全,难道不是吗?如果天下所有的爸爸联手合唱圣歌 Kumbaya,共同倡导三轮车取代两个轮子的,那我们就能彻底做出改变。我是胡思乱想的,试想如果真给娃儿们骑三个轮子的,而不是两个轮子的,做爸爸的兴许能少跑点路,娃儿也会少受些伤。

我们家的孩子遵从了习俗,最终也学会了骑两个轮子的自行车。如今的儿童自行车后轮都有备轮,一边一个,孩子学会平衡了,就把备轮拆了,娃儿就可以自如骑自行车了。

教孩子学会骑自行车自然是做爸爸的责任。

## 第五章　惊喜与侥幸

嗯，我有点儿说大话了，安妮学会骑自行车是无师自通。

那会儿安妮六岁模样，我们给她买了辆自行车，她却不上心，车子就一直放在停车棚，没有用。那是辆天蓝色的车，车把上有刺扁鱼的图纹，坐垫是香蕉色，前面还有一个花篮。不知不觉，几个礼拜过去了，几个月过去了，那辆小花车还静静地靠在那儿。

老二克里斯托弗忽然有一天嚷着要辆自行车。

正好安妮的车空在那儿，还是全新的，就让老二凑合着骑吧。虽然是女娃式样的，我想对于五岁的男孩来说，他可能不在乎那些小小的差别。

克里斯托弗是不在乎，有车玩就妥了。

我们把包装拆了，呵，一辆崭新的自行车呈现在眼前。快骑吧。

\*\*\*

教孩子骑自行车可以装备用轮子，当时的我却压根没想过，可能觉得那是欺骗行为。稀里哗啦带着备用轮子，表面看起来学会了，拆下备用轮子，孩子还不一样摔跤，依然得从两个轮子学，所以我压根不信备用轮子。

就两个轮子，传统式的，克里斯托弗骑上了。

## 当爹其实不容易

本来就很简单的事。把孩子抱上车,把正前轮,告诉他双脚踩踏板,哇!他就会骑自行车了。

把他放车上很容易,然后我抓紧后座和车把,试着平衡自行车。

没有问题。

接下来,让他把脚放在踏板上。

没有问题。

我在旁边扶着他,直到他骑起来。

没有问题。

然后我松开手,告诉孩子一直往前骑。

问题来了。

我的打算是,我会扶着他,直到他能控制住车子。然后我慢下来,停下脚步,让他自己骑,自己把握方向。

这让我很得意,感觉就像在楼上打开通向底层的垃圾箱,把东西扔下去,爽快极了。我在边上跑,他自己控制车,骑出了节奏。我完全放开,告诉他继续骑,他照做了。

嘟个里个嘟。

但当我慢下脚步开始落后时,儿子立即意识到我没有在帮他了。

你们也许会认为这是个好消息,他可以自己骑车了。

## 第五章　惊喜与侥幸

但对第一次骑车的小男孩来说，可不是什么好消息，他可能想的是"天哪！我马上要摔倒了"。

忽然之间，小家伙转头看向我，身体也转向我，接着车子就倾斜了。远远地，我像是看电影里的慢镜头动作，看着他轮子打转，人从车上翻下来。我再怎么使劲也赶不及扶着车子，给他弄个保护伞。眼睁睁地看着孩子受伤害，为父不忍，却又无能为力。

写作有时很难，因为很难把当时的情景描述清楚。我说当时很可怕，你是不会相信的。因为现代人看过太多的恐怖电影，这一点儿皮肉之苦实在算不得什么。

我在大学时选过一门科技写作课。有次写作业，教授要求我选一个物体，然后写作，一无巨细，直到读者可以根据我写的把它画出来或者做出来。

我选择了一个鱼钩。你也许认为我会选择轮胎，或者一本书，这些大物体更容易描述。而我选择了鱼钩，它细小，有刺，洞眼也小。

如果你认为这个作业并不难，你可以试一试。

刚刚写到我带克里斯托弗骑车，他从小花车上摔下来。描述当时的情景，让我想起我是怎样写鱼钩的。写那个作业是在1973年，那时苦思冥想改了又改，算混过了关。写孩子当时的悲惨情景，似乎与当时写作业一样艰难。

## 当爹其实不容易

我列一下关键词吧。

胳膊肘,膝盖,小自行车,摔了,男娃,大声喊叫,爸爸,翻跟头,人行道,柏油路,掉皮了,破洞,青肿,出血了,疼。

不用担心,克里斯托弗没大碍。车子也没有坏。

老爹却吓个半死。

那以后一个礼拜,我总是走路膝盖疼。

现在你若上网搜一下"教孩子骑车",你准会搜到好些指南,步骤图,或者安全措施。当心,有人会出主意,让你一直选在平坦坚硬的地上教,比如停车场或者人行道。

你当然可以听从他们的建议。我的教训是避免在坚硬的地面上学骑自行车。

千万不要。

如果你要教的话,选个公园、空地什么的。我自那次事件以后,就改到附近的小学,孩子们踢球的地方,那里平整,地上长满绿草。

\* \* \*

我说过安妮骑自行车是无师自通。原因是这样的。

自从那次克里斯托弗从自行车上摔下来以后,我对安

## 第五章  惊喜与侥幸

妮说，假如他能在姐姐之前学会骑自行车，那这车便是他的了。这么说，我是一半随便说说，一半当真。毕竟，把一辆全新的车放在车棚下闲置不用，是没有道理的。

"爸爸，可那是你给我买的自行车！"安妮抗议了。

"那是，但你连学都不想学，我想你对车子不感兴趣。"

她一脸的不开心，也不吭声，独自走到外面，把自行车从墙角推出，自己坐上车垫，然后骑了起来。怪吧，就这样她就骑上了。

*　*　*

小孩子有时做出的事情着实让人害怕。

你带着他走在百货商场里，拉着他的小手。你得腾出手来试衣服，摸摸质料。你的脑子里在想自己穿上这件衣服在某个地方见某一个人，你在想这是春秋季节还是有点偏厚。等你腾空的手再一次去抓娃儿的小爪子时，却发现他不在身边，也不在你的视线里。

你会有点慌张，快速地在附近的衣服架子前后左右地翻找。你根本没有想到你的血压在升高。你先是轻声喊娃儿，没有回音。你又提高了嗓门喊，周围的人停顿了一下看着你。然后你会急急地跑到前台付款的地方，问有没有见到这么高穿白色镶蓝色边衬衫的五岁男孩，你

## 当爹其实不容易

一边比划着,一边尽量地减少自己的恐惧而给别人带来的不适。收银员不紧不慢地拿起话筒,要员工与顾客帮助搜寻孩子。

你那会儿脑子里做着最坏的打算。

整个世界都闹翻天了。

等你急急忙忙重新回到刚才试衣的地方,发现自己的小不点探着小脑袋在那里惊喜又安静地看着你。你从狂喜到愤怒,真想掀起他的屁股狠狠地揍他几下。而他却若无其事地站在货架下。

父母的每一根白发都是一次操心,代表某个特殊事件。

杰里米就干过这事,那次真把黛安与我吓坏了。不过还不能与那次在科罗拉多河的事件相比。

\*\*\*

孩子们小的时候,我们全家时不时开车旅行。多半是到南加州,看看娃儿们的外公外婆与舅舅们。他们都在南加州,因为比较近所以来去方便,也不用花多少油钱。回我密西西比的老家就比较费劲。因为一家人的飞机票加起来很贵,所以有几次我们是开车去。五个人挤在一辆小车里,要开三千多公里,虽说省钱,但不省事。因为要赶路,

## 第五章　惊喜与侥幸

没有来得及看一路风景,少了以前游玩南加州时的趣味。

我们开的是一辆福特格兰纳达基亚的四门轿车,穿过南方。车子没有空调,你可以想象坐在车里会发生什么。夏天行驶在干热的西部与中西部的路上是很难受的。三个孩子坐后排,吵着要吃冰激凌。开到密苏里州附近的时候,又遇到了南方湿热的天气,就像是人被卷进了巨大的蒸汽笼子。孩子们都趴在窗口,像哈巴狗一样喘气。

第二次回密西西比的老家就省事也舒服多了。我们买了一辆定制的丰田露营卡车,车子有好多空间,然后从黛安父母亲那儿装备出发。

而且驾驶室与帐篷都有空调。

[旅行安全注解:那会儿拖个露营车旅行一点儿问题也没有。人多,空间大点儿舒服。三十年后的今天,对于露营车的安全问题出现争议。不管怎样,你选择站哪一边都行。]

五个人挤在一辆福特轿车里,从车子一上路就有麻烦。记得我们去迪克西,走走停停,一会儿一个孩子要急着上厕所,一会儿肚子饿了,我们得找吃的。娃儿困了打个盹,也会互相挤着。后来我们弄了个露营卡车,基本上可以保证从一个地方到另一个地方大伙都能各得其所。我们不用那么急着赶路了,可以停下来看看风景,参观下历

## 当爹其实不容易

史遗迹,或者看一下废弃的城镇。

最好玩的是科罗拉多河。

\*\*\*

李氏渡口不难找,路也还好走。过了横跨科罗拉多河的大桥,我们从高速路上下来,驶过一段石子路,就到了专门为游人开辟的观景台。孩子们雀跃着,大人也舒展一下筋骨。那里可以看到脚下百米处的河流,景色蔚为壮观。

我用从一个哥哥那儿借来的摄影机录下这美丽的风景。那是1985年,摄影技术处于初期,器材也笨重,手里拿着镜头,肩上挂着摄像机,中间连着一根电线。

与今天的摄影器材相比,那会儿的真是小巫见大巫了。如今一部智能手机就能全部搞定。

我们穿过由土砖垒起的破壁残垣和满是灰尘、石块的小山,走到了另一个观景台。那里筑起一道齐膝高的矮墙,墙的另一侧就是悬崖峭壁,最下面是波澜壮阔的科罗拉多河在峡谷间蜿蜒流淌。

这么近距离地观赏自然景观,煞是震撼。

我有恐高症。站在高处看下面的东西让我双腿发抖,我想趴在地上。空气变得稀薄,让我脑袋昏眩。

我讨厌那面墙,不是因为墙本身,而是因为它的另一

## 第五章　惊喜与侥幸

侧。如果只有我自己,我会离它远远的。但在孩子们面前,我鼓足了勇气,一步步走向那面墙。然后通过摄像机,看到了墙的另一侧。

天哪,离下面的河真是太远了!从镜头里看感觉就像我和深渊之间没有隔着什么东西,直觉告诉自己不要靠太近了。

恐惧远大于美景带来的感观刺激。要是没有其他人看着,我肯定已经往回跑了,尖叫着,挥舞着双臂。心里这样想,但我还是勉强与家人们在一起。

做父亲的要勇敢。

往回走时,小家伙们都尽兴地蹦跳着,大家都看得见彼此。当我们站在墙边看大自然鬼斧神工凿出的艺术品时,孩子们就在身边,伸手就可以把他们抓起。

感谢上苍恩赐。

四面的峡谷、远处蜿蜒的河、家人,我都用摄像机拍了下来。这样的完美搭配不拍,什么时候才拍。当我摇动镜头时,我忽然听见黛安大声惊叫。

"杰里米!"

我迅速把镜头朝向这五岁的小男娃。

看见他爬上了墙。

离噩梦仅半步之遥。

## 当爹其实不容易

我想这小子想看到一无遮拦的科罗拉多河与壮阔峡谷，墙挡住了他的视线。现在回想起来有点儿感慨孩子的勇气，对生与死的危险全然不知不顾，否则他不会毫不犹豫地爬上墙。

当然这只是回想。

那一瞬间我全身的血都凝固了，全身的肌肉都僵住了。就在那一刻，黛安抓住了他的胳膊，把他从墙上拽了下来。

就是那一瞬间，有时一瞬间整个人生可能都变了。做妈妈的在那一刹那抓住了娃儿，没有让可怕的后果发生，那一刹的记忆深深地植入我心。谢天谢地，我们一家人是完整的。

接下来几分钟我的心是平静的，像是刚上完礼拜。尽管孩子这小小的举动把黛安与我着实吓得不轻，我们也没有再多训斥孩子，也没有指责他少了一根筋。

我是全天下最称职的父亲，摄像机还在录着。

\* \* \*

这些小家伙做出来的举动让你头发变白，他们嘴里说出的话也一样把你气个半死。

我想小孩子从出生第一声啼哭，到牙牙学语，到模仿

## 第五章　惊喜与侥幸

别人，有时说出来的话不合时宜，令人难堪，出乎意料。

圣经里可能也没有记载人类起源时，该隐与亚伯两个娃儿做过什么。如果你有孩子，你可以想象到下面的场景。父亲亚当托起四岁的大儿子该隐跟邻居们说，这是我儿子。该隐出乎意料地脱口说道："爸爸睡觉时打呼噜、流口水。"

"该隐，你给我滚回家。"亚当也许就这么生气道。

我相信从那个时候起就有了一个法令，规定小孩子要被看护，要被看到而不是听到。所以直到1777年人们才听到儿童的故事，那时十六岁的西比尔·勒丁顿和父亲斗嘴，求他允许她在新英格兰独自骑马六十五公里，传递英军到来的警报。

\* \* \*

黛安的父母退休以后，他们离开普拉森，搬到离我们约三公里远的新居。我们为终于能每天见到外公外婆而高兴。以前他们也来，每次来，于我们都是欢庆。那会儿，舅舅姨妈们都仍未飞离老巢，一来总是一大窝。所有的人除了欢乐别的正事都搁下了。

一天拉达茨家来访。安妮五岁，克里斯托弗三岁，杰里米一岁，三个小家伙趴在窗口等着外公和外婆。看见他

## 当爹其实不容易

们来了,孩子们就从沙发上跳下来:"妈妈,外婆来了,爸爸,外公到了。"没等车子停稳,他们就开门奔过去迎接他们。外公外婆走出车门,蹲下来,张开双臂,迎接三个小家伙,和他们近乎冲撞地拥抱在一起。外公外婆平时也不常带他们,每次见面总记不清老大长多高了,开始换牙了,看最小的,上回见到还不会走路呢。他们互相拥抱,亲着脸,高兴得跟哈巴狗似的。

这是到访的开始场景,回回如此。一阵拥抱与亲吻之后便是彼此间的近距离审视,老人家们难免有"啊,哦"惊喜之语,"天哪,几个月不见怎么长这么高了。"激动之余,难保不抓起小家伙们,往半空中抛,然后把他们的头发抓乱,跟最小的还可以玩捉迷藏的游戏。孩子们也常常会因为外公抓疼了或者胡子扎小脸而惊叫。然后大伙像一群花斑鱼轻捷迅速地进入家门,坐在客厅里,继续玩耍。

外公外婆想要知道所有事,娃儿在幼儿园学什么,是否去教堂听圣经,生日聚会过得怎么样,有没有最喜欢的卡通片。孩子们像是牛犊们到了青草地,尽情地分享来自外公外婆舅舅姨妈们的关爱。

这样的叙旧是几代人传承下来的。

当时我在想安妮会说什么话……有好多可能。才五岁的娃儿,她脑子里也许在想幼儿园的老师或者邻座的小伙

## 第五章　惊喜与侥幸

伴,或者某个剪贴课的作业。她也许在想着圣诞树下的某个礼物,或者在幻想自己在万圣节时扮演一个巫婆,或者是公主,或者是小熊维尼。她也可能会吹嘘自己最近在玩的玩具,或者跟别人讲自己的两个弟弟有多淘气,或者解释她为何喜欢比萨饼,而不喜欢吃茄子。

也许她在想着睡前的快乐时光。她在我背上像骑马一样进入卧室。我们一起念好多儿童读物,一边模仿书里主人公的声调,一边做姿势表演某个情节,然后故意念错某个字好让孩子挑出来。有时我们做点小游戏,用下巴拉紧床单,用书轻拍脑袋假装愤怒,或者扮演老牛们喝了好多好多水,然后挺着肚皮睡觉了。

安妮有那么多绝妙的话题可以与大伙分享。

可她没有说什么。她也许已经酝酿良久,等着某个特别的机会才分享她想说的。

她是这么说的。

"我爸爸会挖鼻孔。"

那一刻为父的有种特别的骄傲,自己怎样把孩子拉扯大,她对自己的观察多么仔细,整个世界都知道父女俩的关系有多么特别。

此时此刻我不想争辩孩子当时说那句话确切地想表达什么,也不想标榜自己用第五修正案来保护自己的隐私,这与"我做过，但是我不会自己告发自己"如出一辙。

我只想说，做自己就好。

* * *

在莫里斯家坐下来吃饭是必须的。没有人可以抓个盘子坐电视机前吃东西。孩子们知道饭是在厨房煮出来的，吃要在饭桌上。他们知道每样菜都要吃，起码尝一尝，除非吃那一口他会死或者变成残废，否则他们得吃每一样放在漂亮盘子里的菜。他们也知道在吃完之前不可以离开饭桌，他们要得到允诺才可以，用完餐后要谢谢他们的父母亲。

现在也许有人会说，让孩子做那些他们不一定想做的事，我们应该面临指控。即便这样，我也要教会孩子这些东西，因为这些礼貌对孩子一生影响巨大。简单的一声"对不起""谢谢"，可以让人际沟通很通畅。家人坐一起吃饭对家庭关系很重要。

有个晚上，大家坐饭桌前，吃家人做的饭菜，特别是妈妈做的。嘿嘿，健康的食品胜过终身制的体重检测会员卡。六岁的克里斯托弗爬上饭桌，手上拿着一个玩具，一家人吃饭会因为玩具而受影响。

因为不光在同一饭桌上吃饭，而且要说说话。我们发

## 第五章　惊喜与侥幸

现这个时候彼此说说话，分享一下自己的想法是多么的开心与快乐。有些要商量的，饭桌上就可以决定了。孩子们有机会征求大人的意见，做事不会太离谱。

除了学习正确使用刀叉、餐巾纸、汤匙，他们还要学会怎样彬彬有礼地要想吃的东西，然后等着别人把东西递过来。他们甚至要学会把帽子脱了。有时饭桌上会蹦出孩子们白天在活动场所学来的新奇字眼。

克里斯托弗手里把玩着什么，吃饭不专心，也不怎么用心听家人在饭桌上说话。我就让他把玩的东西放到一边。他有点儿不高兴，但还是照做了。

那会儿认识我的人都知道，我表现很利索，对孩子的不良言行会及时纠正。

如果这件事我讲出来而不是写出来，这个时候我会清一清嗓门，翻一翻眼皮。

记不太清楚当时确切的反应了。我从孩子手里拿过玩具，从饭桌上站起，转身开了门，把收缴来的东西往停车棚的地方扔去。我是生气，但也没有砸坏东西，也没有伤到动物。我扔东西时一定力气很大，克里斯托弗以为我把他东西摔坏了。

"×××，爸你不用把我玩具扔掉。"

啊。

## 当爹其实不容易

我看了看黛安，黛安也看了看我。我们俩眉毛上扬，嘴巴张大，同时把眼光朝向克里斯托弗。

"你说什么了，孩子？"我们就像没有听见什么，要确信自己所听到的。

他不假思索地重复了脏话。

"×××，爸你不用把我玩具扔掉。"

嗯，这次肯定了。

\* \* \*

心理学流派很多，有些很好，有些一般。我本科与研究生都读心理学，对这些我都接触过。结构主义、功能主义、行为主义等等，还有一些主义记不太清楚了。有诊断治疗类的流派，如精神分析、行为纠正、条件操作、经典操作、以人为中心诊疗、理性情感行为治疗。而解决心理问题有更多的方法，如自然结果论、逻辑结果论、反射性倾听、正面援助、反面援助、立墙角、惩罚，哦，反面援助与惩罚不是一回事。还有不相容行为的不同援助，低发生行为的不同援助。总之，心理学的方法层出不穷。

当然传统的教子方式也可以罗列一堆。听起来这些字眼更接近劳苦大众，比如：大吼大叫，恳求，责骂，威胁，恐吓，哄骗，打屁股，禁足，许诺，贿赂，无视，等等。

## 第五章  惊喜与侥幸

你要去作考究,对付孩子总有无数的法子。你去看每一个家长管教孩子,总能找到书上没有描述过的。

通过经验和奇闻异事可以知道,就连狗狗都明白一些与人互动的方式,知道怎样与人类友好相处。

我自己听过无数的讲演,读过很多书,看过很多论文,实习过也考察过,被考过也自己考过别人,可是要我归纳自己教育孩子的方式是哪个流派哪个方法论,还真困难,也难以确定。我早年在训练营工作,后来转到公立学校甚至私立学校,教育孩子的各种方式我多少都用过,有的是形式,有的是立在规章制度里。照说我是专家与内行了,即便到我这把接近职业尾声的年纪,我仍不清楚自己偏好哪个学术或哪个方法。

也许我的方法是多元的,复杂的。

听到我大儿子第一次……第一次……我想说咒骂,但并不是。他不是在诅咒,那话也不粗俗、下流。

我想说的是,当时那话不合时宜。不能简单归为坏孩子的言行,但是这个言行不恰当,是肯定的。

不管怎样,当我听到孩子说那个词时,我直觉地感到所有学到的,所有用过的都帮不了我。以前争论过的、思考过的、实践过的,都不怎么管用。我当时觉得自己应该说点什么或者做点什么,除了吼叫、惩罚,我还能做什么。

## 当爹其实不容易

一个父亲的形象,当时的脑子是空空的,说什么、做什么都似乎不对。

那一瞬间肯定是滑稽可笑的,我的脸一定是惨白的,眼光呆滞。那一个词给父亲造成的影响就是那样直截了当。

我和黛安简短地交谈了一下,但并没有对克里斯托弗的言行多加谈论。当时我们除了震惊,也觉得有点搞笑,在孩子面前我们忍着不笑出声,不可以让小孩子觉得说脏话好玩。这个事情就这样过去了。

我回想那会儿没有打骂、训斥,我与黛安只是表情严肃,表示这样的言语是不合适的,说这样的话在家里是不欢迎的。我们一定是做对了,孩子长大成人,现在都三十四岁了,我们没听过他在某个场景不合时宜地说一个脏字。

真的,我不记得他说过。

我问过黛安,问她有没有听到过。

黛安不记得孩子说过。

我问过他姐和他弟。

他们不记得他说过。

我猜那个脏话就是那天晚上在饭桌上从此消失了。

## 第五章　惊喜与侥幸

※ ※ ※

做个好父亲有点讽刺意味。

初为人父我所急需的东西,要到孩子们都成家立业时才能得到。这个漫长而磨炼的过程造就了那份成就。

那东西叫智慧。

获得它要花时间,要有经历,同时必须要用心。

别小看教孩子爬楼梯,这样的经历同样能引导孩子接受生活中的挑战。教导孩子骑自行车,做老爹的也在学如何在放弃与坚持之间取得平衡。他要学会即使孩子在自己的呵护下长大,独立是很好的品性。让孩子纠正不合时宜的言行,有时沉默却是最好的心理良药。

类比很多,就说到这儿了。

第六章

争斗与钢琴课

## 第六章　争斗与钢琴课

　　冲突，动词，1. 出现冲撞，意见不同；不同程度的矛盾，对立；撞击。2. 打架，争斗，或者肉搏战。也可以是名词，3. 一次争斗，肉搏，挣扎，尤其是很长时间的挣扎；格斗。4. 争议；斗嘴。5. 行动，感觉，或者心绪，分散，不一致。6. 对击；冲撞。同义词，1. 冲击，对抗。2. 撞到，围攻。参阅斗殴。3. 意见不一，反对。反义词，一致。

　　初为人父，我很想知道过来人的经验。我以为只要稍微留心一下，听听家长们的高谈阔论，我便可以像家庭肥皂剧里的主角一样，对管教孩子头头是道，如沃德·克利佛，或者杰姆·安得森，或者迈克·布拉迪，或者豪瓦特·卡宁哈姆。是的，我会对每一个问题都有一个正确答案，每一种状况都有合适的计划，对每一个困惑的孩童都能提供清晰的思路。回回如此。

## 当爹其实不容易

实话实说,我从过来人那里只得到片言碎语。

假如每回有人警告我说"当孩子长到十三岁时,相信我,你会后悔养孩子的",我就能得到一块钱;或者每次抱怨十几岁的少男少女在家里如何闹翻了天,我就能得到二毛五分钱,兴许我就有足够的钱到一座四季如春的小岛上居住了,俨然一个贵族。

就到圣地亚哥吧。

只可惜做父母的是没有半毛钱的回报的。我得到的只是对将要发生的战斗的恐惧,就像隆巴迪(成功的橄榄球教练)不喜欢失败。当女儿长到十三岁时,魔咒开启,我屏住呼吸,等着她长出獠牙利爪,浑身长毛,对月亮周期有着强迫症的兴趣。

我的顾虑是夸张的。孩子没有变成狼人。一个没有经验的父亲意识到,孩子长到十三岁,这不是在真空里发生的。不是的,从孩子出生,点点滴滴,经年累月,亲子之间是一直互动的。他们长大成人,父母也历练成有经验的父母。我们有足够的机会找到合适的应对策略,到孩子十几岁时叛逆心理也不至于让父母亲太过于措手不及。

我们也没有指望头一个孩子完美无瑕。

我们也是在这样的心态下把孩子养大的。希望这孩子顺从,聪明,心地善良,知足,希望她做个榜样,好让弟

## 第六章　争斗与钢琴课

弟们效仿。

确实老大的帮助不小。

两个弟弟都顺顺当当，一帆风顺。

\*\*\*

莫错怪我。以为我与孩子之间从来就没有在一些细小事情上争论过。这是一个大谎言。孩子在成长过程中跌跌撞撞，磕磕碰碰，大人也是在学习，学会怎样能放手让孩子去尝试独立，自己做决定。有时大人的错是不合时宜地过分抓紧孩子，或者提早放手。这些事情常让我反思。

这是约翰·詹姆斯·英格尔斯所说的警句，与我抚育孩子的经历很吻合。

"选要紧的仗打，打了要赢。"

这是我的认识。大人如果啥事都与孩子较真，特别是孩子渐渐懂事以后，那就家无宁日，养大一个孩子也要比养个草场难多了。孩子要在朋友家过夜，或者给房间的家具挪个位置，或者选择红颜色的网球鞋而不是白的，这些都不是要紧的事。而孩子动粗则是大事，这是要紧的仗，一定要用心打赢。

做父母的如果去挑刺，可以找到很多责骂孩子的理由。孩子因为没有经历，很多想法是天真的。

## 当爹其实不容易

话说回来,小孩愚蠢,大人有时也聪明不到哪里。

问题是很多做父亲的认为他们的主要责任是不可更改的,有些概念似乎是约定俗成的,比方说父亲懂得比孩子多,父亲的道德责任比孩子强,父亲是权威,孩子要服从父亲。

首先,一个父亲要检查孩子做的每件事情,从鸡叫起床一直到晚上倒头睡觉。第二,父亲会根据自己的喜好,让孩子停止做什么事,或者开始做什么事。第三,他要搬出新约旧书训导孩子,如果他不听会怎样,他不做又会怎样。最后,父亲要花四个小时讲述他自己小时候碰到类似事件是如何应对的。

很完美的说教。这就是家长希望孩子得到的印象。天知道我们六年级时做的恶作剧,高中时做的丢人的事,甚至在大学时惹的麻烦,总之,我们似乎忘记了我们自己时不时地会做些很糊涂的事。

说这些有点夸张,也有些过于简单化。我还是想说做父亲的我们,说教太多,选了太多的仗同孩子们争斗。你不可能每件事都与孩子争个对错,然后指望同一屋檐下的一家人能够和睦相处,而且心情愉悦。这不可能的,朋友。家庭快乐的秘诀,并不是每一次孩子做错事,或者做了某个大人不喜欢的决定,或者某个不良举动,都要大动干戈,

## 第六章　争斗与钢琴课

重新做一次葛底斯堡演说。

* * *

我能听见你在说:"凯文,完美的男性。你一定以为自己是全世界最伟大的父亲了。"

啊,不是,我承认自己也是从那些经历中毕业的。

在父亲王国里我曾经有过成百上千的过错。初为人父时,我犯过的错比卡戴珊家的镜子还多。你看,我责备过娃儿,可她那会儿连责备她的是什么都不懂。我对着八岁的孩子吼叫,三分钟后连我自己都想不起是为了何事。我用最严厉的恐吓,以阻止或纠正我不想看到的孩子行为,我会严厉地说:"停,我叫你立即停!"我会开着车转啊转,要挟着掉头回家。我会连着说教一个小时,振振有词地讲自己小时候的经历,相信孩子们一定会私下里祈祷,我的说教早点结束。即便孩子长大了,大家都变得有智慧了,我仍然没有停止犯错。错不可能停,至少这是我的猜测。

偶尔一两回,我试着让自己不要过于责备自己。我不是电视里的完美无缺的爸爸,也不要求自己是,所以我一直不认为自己时不时犯错,就是失败的父亲。容易犯错,但不是失败,即便是犯了很多错,做了很多蠢事。失败的父亲是与孩子之间没有信任,孩子从小犯错而不管教以致

当爹其实不容易

孩子误入歧途，酿成大错。失败的父亲是没有让孩子成长成独立、人格完整、对社区有贡献的人。

可喜的是我从错误中走了出来，纠正了自己，改变了方向。是的，爸爸是人，只要能够把握方向，亲子之间就不会太离谱。好爸爸是这样造就的。谁都不是完人，大人既要谋生，又得耐心看护孩子，有时爱子心切，有时疏于监督，好爸爸是力所能及地为孩子营造一个家，让孩子们健康成长，形成健全的人格，快乐又富有创造力。

* * *

有理由相信，要是我与进入青春期的孩子唇枪舌剑时，我会采纳这样一个观点。听起来有点保守，有点大众哲学的味道。

实际上，我要采纳两个观点：

第一，"战争是丑恶的，但不是最丑的；道德的沦丧，爱国主义的缺乏，才更可怕与邪恶。"

第二，"一旦开战，我们只有一件事要做，那就是赢。因为失败比战争中任何事都更糟糕。"

是的，上述观点是指真的战争。那是很可怕的，到处是轰炸，杀戮。上述观点所包含的意义道出人际关系的真理。看看海明威对第二个观点的观察。真理是当父亲与孩

## 第六章  争斗与钢琴课

子为某个重要东西争执而且失败时,其后果是长远而且严重的。作为父亲应树立一个高的、合适的道义准则,要求孩子遵从,且不可动摇。做父亲的必须要坚守这一点。

我可以改天再叙这个话题。

当下我选择了上述观点:某些问题是值得与孩子较劲的,一旦选定了,就一定要让孩子知道父亲是对的,孩子须遵从,错了要改,不许再犯。

下面娃儿上钢琴课便是一例。

* * *

娃儿们都有音乐天赋,在不少场合都有所显示。在中学时安妮吹长笛,克里斯托弗吹小号,老小杰里米没有玩过乐队演奏的乐器,但他打算学一种叫 Samchillian 的电子键盘乐器。问题是当时的音乐器材店买不到这个乐器。他就听收音机,还跟着一个古巴酒吧的巴西鼓手学打康加鼓。他还跟哥哥姐姐一起唱奇怪的歌。跳舞也还行,起码没有绊倒在地板上。

[关于老歌:我的孩子们对六十年代的歌比他们同龄人知道的多得多,你可以用经典的加勒特唱盘来打赌。据我所知,起码有九个州规定三十多岁的人不可以听六十年代的歌。]

## 当爹 其实不容易

回想起来,孩子们有理由有音乐天赋。父母两边的基因都有音乐传承,孩子们因此对音乐多少会有所感知。我虽然不是当·艾力士、艾力克·克拉普顿或者弗雷德·阿瑟得尔,但是我也玩过一些乐器,年轻时也会跳跳舞。唱歌时对的调子总比错的多。妈妈呢,她天使般的嗓音正适合唱歌。而且,她还很会弹钢琴。她小时候跳舞因为老摔倒,并且把东西弄坏,传说她四岁时就被音乐老师撵走了。我们也不愿意戳穿她。

黛安和我都来自大家庭,兄弟姐妹都有所建树。在我们的父母辈叔叔阿姨,再上辈的祖父母辈甚至曾祖父母辈都有相似的天分。

以我的外婆哈姆琳为例,她出生成长在密西西比河的乡村。除了生存而必须干繁重的体力活之外,她似乎没有时间做任何别的事情。她那双因在太阳下劳作而干枯的双手足以证明除了没完没了地干活,她是碰不到如象牙般洁白的钢琴键的。

神奇的是外婆弹得一手好钢琴,那象牙般洁白的琴键居然在外婆干枯僵硬的手指下变得十分灵动。

敬爱的外婆没有上过什么课,没有学过读乐谱。她凭着感觉看着布罗德曼赞美诗,居然能自学弹会这首经诗,用的是穷困家庭里的一台直立式钢琴。她弹得很美,简单,

## 第六章　争斗与钢琴课

有力，对生命充满敬爱。

潘西·李·赫凯·哈姆琳默默无闻，进不了卡耐基音乐表演厅，可她是教堂的列席钢琴师，她的手弹起圣乐，"音符如阳光照耀水珠，亦如蓝天驱逐阴雨"。

我曾经想象着若上天赐予外婆好好学习的机会，她会有多大的成就。

\* \* \*

给孩子们上钢琴课有点晚，杰里米十岁，克里斯托弗十三，安妮十五岁。我那会儿是一个"特别安置"的公立学校的校长，音乐老师是我的好朋友，她课余教钢琴。她同意每周给我们家一群孩子上一次课。

刚开始玛吉来我们家给每个孩子各上半个小时课。过了一阵子，上课转移到她家里。我们把孩子们放在她家里，然后过几个小时接他们回家。

几个礼拜过去了，一切都进展有序，大致良好。

我说大致是因为安妮与杰里米似乎挺喜欢钢琴课，进步也快。老二不怎么上心。三个里有两个喜欢，我估摸着他们是大多数，所以说大致是这样。

唉……喜欢这个词太强烈，容忍比较贴切些。不管用哪个词，结果是这样的：安妮与杰里米至少是配合玛吉的，

## 当爹 其实 不容易

老师努力传授复杂的琴键知识,娃儿们尚能听进去。他们好歹听老师给他们纠正错误,心里有意见,嘴上还是挺彬彬有礼。老师有时有点严厉。

是的,他们相处友好,在找中央 C。

克里斯托弗却不太一样。

老二刚开始还快乐地练琴,比较友好,表现不错。后来就渐渐地出花招了,他不喜欢钢琴,很不喜欢。他的不喜欢更多地表现在不喜欢老师。很明显他对玛吉没有好感。一部分的原因源自个性与认知,通常冲突因此而起。克里斯托弗自认为他这样弹好听,老师认为学生得听老师的,否则那不叫练习,而是乱弹琴。他们俩的争斗犹如棒球的飞船队与鲨鱼队,只差没带棒子与弹簧折刀了。

我看离动粗也差不了多远了。

玛吉让他多练习连音,他就每个音符都断开。她让克里斯托弗弹强音,他会找键盘上最弱的低音。快板?广板。急板?狂板。

情况大致如此。

孩子连连出错,老师高声指责时,他会很不礼貌地反击。

这让我想起六七十年代英国巨蟒剧团约翰·克里斯与迈克尔·佩林在"争论门诊"里的镜头。娃儿与老师凑在

## 第六章　争斗与钢琴课

一起弹钢琴，正像剧中的争吵场景，只不过与他们相比，克里斯和佩林在争吵艺术中都显得外行了。

即使玛吉不坐在旁边，克里斯托弗自己对钢琴的态度也好不到哪里。除非我威胁要打烂他的屁股，不然他是不会主动练琴的。即使他去练了，你能听到他半个小时里最多弹出三个调子，其中两个还是错的。

莫里斯家的钢琴课情况大致如此：安妮与杰里米很合作，对老师也比较敬重；而老二则表现得非常没有耐心，对老师不光没有恭敬心，还一脸不高兴，他能做出二十七种表情，来彰显他的无聊、敌意、抗拒和厌恶。

钢琴与老二似乎无缘。只要不叫他弹琴，他干什么都好。要硬是让他弹琴，他表现出来的抗拒似乎是要把音键从钢琴上拆了，把琴凳烧了。他诅咒老师，希望魔力把她弄到人马座矮椭球星系的最里面去。

生活磨人，父母难为。

\*\*\*

一年不到，孩子们对钢琴的兴趣逐渐少了。美妙音声，日薄西山。老大首先退出来。她跟她妈妈说了，如果爹妈不介意，她希望不要继续上钢琴课。十六岁的女孩子，脑子里想着很多事，有其他事要忙，上钢琴课有些耽误时间了。

我和黛安谈了一下，两人感到没什么好劝的。

安妮就这样终止了钢琴课。

不久杰里米也提出类似请求，理由是他要运动，相比音乐，他更喜欢运动。他振振有词地说，运动的回报比弹琴要高得多。

我和黛安谈了一下，两人感到没什么好劝的。

杰里米就这样终止了钢琴课。

老二看见姐姐与弟弟都停了钢琴课，他毫不犹豫提出同样的要求。他让我们知道，钢琴对他还没有对安妮和杰里米重要。他建议道："得了，就让下次的课成为最后一课吧。"

他开始罗列他日常的活动内容，什么网球，什么学校乐队，还有一大堆火急火燎的事。

我与黛安交换了意见。

各自沉思着。

困惑。

我们决定要好好劝一下他。

老二据理力争，事实胜于雄辩。

这让我想起 1992 年的电影《我的表哥维尼》。

维尼是法学院那一届最后一个到法庭做头一次出庭辩

## 第六章　争斗与钢琴课

护的学生。他表弟和表弟的朋友被指控谋杀,他要为他们辩护。表哥生性怯弱,人看起来也病恹恹的,哈勒法官没正眼看他。地方检察官要招一位意想不到的证人,维尼反对。法官看看两人示意他们过来各自申诉理由。维尼是这样申辩的。

"我反对在这个时候传唤这名证人。"维尼一板一眼地说。"我们事先没有得到通知他会作证,也对他进行的测试和准备的报告毫不知情。您也知道, 辩方有权事先知道哪些证人要出庭作证,尤其是那些要提供科学证据的证人。这样我们才可以就交叉质询进行准备,辩方也有时间请自己的专家来检查证人报告的真实可信度。"

"甘比尼先生?"哈勒法官看起来有点意外。

"是的,法官大人?"维尼应道。

"你的反对简明有据,想得周全。"

"噢,谢谢法官大人。"

"反对无效。"

克里斯托弗的申诉与电影里的维尼一样没有好结果。

我们对自己的决定非常有信心。我们坚守承诺。我们对未来可能的结果也比较有把握。

"儿子,在练琴这件事上你要相信爸爸妈妈。"我心平气和地跟克里斯托弗讲,"你中途放弃是不对的,我们坚持要让你练琴。"

然后又是老生常谈，苦口婆心，把过去讲过的、别人讲过的成百上千的话搬出来，讲给他听。

"儿子，将来有一天你会感谢我们的。"

克里斯托弗当然是全当耳边风，听到了却不上心。他也知道父母是在履行做父母的义务。他嘴上唯唯诺诺，对我们的陈词滥调不加反驳。他脸不改色心不跳地全部赞同父母的教诲。

内心却是反对的。

到了周末练琴的时候，他用那二十七种表情展露出了无聊，敌意，抗拒和厌恶。

还发明了两三种新的表情来表示愤怒。

我们却不退却，我们主意已定。虽然不能说清楚原因，我俩却齐心认为这样的坚守是有意义的。我们坚信孩子有音乐表演的才华。我们要并肩作战直到我们赢，不管发生什么，我们都站在一起信守承诺。

只是我没有想到，除了要说服孩子，还有另外闹心的事等着我们。

\*\*\*

"凯文，我再也无法继续给克里斯托弗当老师了。"玛

## 第六章　争斗与钢琴课

吉有一天在学校找到我,很无可奈何地告诉我。

她又说了一大堆话来解释。

"我觉得这孩子固执,消极,不顺从,对人冷嘲热讽,对音乐不感兴趣……我可以罗列更多,你应该知道什么情况了。每次上课我都觉得很可怕。让我跟他在一条琴凳上练琴,还不如把我绑在电椅上。"

没想到,她竟也是如此憎恨给孩子上课。

我们当然可以再找个老师。不管克里斯托弗怎样评价玛吉,我们知道她是个好老师。既然她已经忍受了这么多痛苦,那我们……真见鬼,她可以再忍受一下的。因为她是严格按照全国钢琴教师协会的规章在上课,我们知道她教得没有错。

现在玛吉自己提出辞职,看来我们不得不重新考虑孩子的申诉了。

说到教学准则,讽刺的是,正是这些中规中矩让玛吉与孩子有了过节。一个要东,一个向西,老师要规则,孩子喜欢自由发挥。他学音乐不只是读乐谱,更是靠感觉。老师强调指法与姿势,他则更偏向对音乐的演奏。

正因为如此,我与黛安才坚持认为克里斯托弗应该继续学钢琴。

也许他不仅仅是有点才华。

## 当爹其实不容易

也许他有天赋。

不管有没有天赋,如果这会儿玛吉辞职了,我们再找个倒霉蛋老师,孩子肯定会被耽误的。我们很担心逃了小难,又遭大难。

因此,我尽力挽留,对玛吉说:"再给点时间吧,看在孩子还有点天分的分上,你留下来。我们再努力一下,争取让孩子多听听您的。"

也许是看到了我眼睛里的真诚,也许是听到了我声音里的绝望,或者因为我的口才太好,总之玛吉最后屈服了。兴许她也在想,通过她的努力,她的这个捣蛋徒弟会成为弗里德里克·肖邦、乔治·格什温、利伯雷契、巴瑞·曼尼洛、艾尔顿·约翰那样的人。

我强烈怀疑这也与我在学校里是她老板有关系。如果我想的话,我可以让她的一天过得像一个月那么长。

不管是出于何种原因,玛吉还是留下来了,继续上课,或者像她说的受折磨。

*＊＊

家里总算是有一阵子不平静里的平静。课照旧上,对老师对儿子还是难以言表的恐怖。克里斯托弗照旧不想坐琴凳上,玛吉想要麻醉来度过那半小时。莫里斯家仍旧是

## 第六章　争斗与钢琴课

战场，练琴那会儿随时可能有炸弹爆炸似的。

那会儿克里斯托弗有个好朋友也在练钢琴，偶然的机会他把我儿子介绍给他的钢琴老师。无巧不成书，偏偏克里斯托弗对那位钢琴老师的音乐感兴趣。小家伙似乎从那位老师那儿找到了他要的风格，而且这也完全吻合玛吉老师所要求的钢琴协会章法。

那位钢琴家叫大卫·蓝兹，弹奏的是《钢琴发明家梦想》。

还没来得及领会克里斯托弗的弹奏手法，大伙都以为他在练指法。他却出奇地记住了弹过的曲子。他娴熟地弹奏着，像是终于找着了家门。他弹得像是自己作的这首曲，懂得每一个音符背后的真正意义。

大伙都震惊了。钢琴能有如此美妙。

仿佛是克里斯托弗的灵魂展示在大伙面前。

从那会儿起，他整个儿人与钢琴黏一块儿了。他终于找到了他一直否认的音乐快乐，他多次抗拒的才华终于表露出来，他终于发现他可以不吃不喝不用休息夜以继日地弹他的琴。

玛吉老师不久就搬了家，去了一个康复机构。可能是真累了，要在那儿休息两三年。玛吉老师走后，我们没有再雇另一个老师，但是孩子确实不再需要老师。他自己弹

## 当爹其实不容易

啊，日见进步。他发现自己不光有弹奏的天才，连作曲也是。他自己琢磨出自己喜欢的格调，轻松如初夏的和风吹皱一湖清水，他的手指自如地划过琴键，琴声让家人、朋友甚至连过路的旅客都停下脚步。

十九岁那年，克里斯托弗应聘去做两年时间的义工，那儿将有特别的东西等着他。

* * *

克里斯托弗在那儿结识了另一位义工，他们有相似的兴趣与才能。两人发现他们都爱音乐，他们一起建了一个组合。克里斯托弗弹琴加演唱，他的同伴是主唱。他们巡回演出，用琴声和歌声传递爱与美。有什么听众不重要。只要他们演出，结果都是：音乐鼓励人们去关爱大众，服务大众。他们的义演打动了很多人的心，改变了不少人的生命轨迹。

克里斯托弗在做义工的两年里，每周都给我们写信。好多次读到孩子的人生体验，甚至是听他说别人的故事，我们常常情不自禁地掉眼泪。年轻人的勇敢而坦诚的心表露出的爱不要说是我们当父母的，就是旁人看了也会感动不已。除了信件，有时也打个电话。

终于，在一次电话里我们听到了一直期待的话。

## 第六章  争斗与钢琴课

"多谢爸爸妈妈,多谢你们没有放弃我,让我坚持上钢琴课。"

一瞬间,脑子里闪现出钢琴课上争执、不和、磨难的画面。但很快成了过眼云烟,一去不返,取而代之的是成就与喜悦。而最重要的是看到娃儿找到了音乐,从音乐里发现快乐的自己。身为父母,因为爱与经验,而引导下一辈,排除万难,帮助孩子成就功业。这是父母的骄傲与最好的回报。

我们选择与克里斯托弗争斗。那样的选择,一时是痛苦的。尽管我与黛安有时实在有些不忍心,甚至动摇过。有过伤痕,但痊愈了,每一次带血的争斗换来日后的成就,我们觉得值。

有时回想当年在做与不做之间,说与不说之间,承诺与危言耸听之间,做父母的要多花多少心思,希望通过别人、书本、咨询来帮助自己做正确决定。有时想我们的决定若是错误的,对孩子健康成长将无益,我们的担心一直都在我们的日常生活中,在工作中。若有个伟大的神灵提示并担保当时的决定是正确的,那父母的角色该容易好多。有时坚信,有时退却,而孩子渐渐独立,因为孩子本身的某些表现让我们做父母的得到某种提示。有时想,孩子在父母的呵护下,同时也给大人提供学习的机会,通过孩子的追求,父母也在改变自己,学会现今社会的公义与道德。要知道世界在变,有时进步,有时可能未必。我们必须坚守自己的道德底线,让孩子引导新一代人去创造未来。

回想过去,仿佛一切都已洗了一遍。留下的,条理分明,清洁而令人快乐。现在看到克里斯托弗教他的孩子们演奏钢琴,鼓励他们发现他们自己的天赋,我知道我是把优良传统传承给下一代了。

# 第七章

## 假如但值得

## 第七章　假如但值得

人生有很多磨难、风险与不确定，没有哪一件事、哪一个经历可以与为人父母相比。在这个角色中我们体验快乐，学会成长，体会到生命有趣而且富有价值。因为这个原因，我认为人生最好不要错过结婚生子。

生养孩子不易。等孩子长大了，我们头发也白了。若有不测，心也会碎了。

从小到大，做爹妈的就没省心过：换尿布，喂奶和婴儿食品，教孩子学骑自行车，差点酿成大祸的旅行，青春叛逆期，脸上的青春痘，娃儿为了寻找自我所做的出格事，学校的功课，课余的钢琴课，这儿伤了那儿扭了。

为父像是所罗门，只是你必须全是对的。你若出错，将是大错。

生儿育女也没有金钱回报。这是很肯定的。大多数时间，钱从储钱罐里飞走的速度，比跛脚鸭总统大赦重罪犯还要快。

## 当爹其实不容易

听起来是个很不经济的投资，我本不该做的。过来的人却不后悔，因为结果往往都不错。

\*\*\*

有一次我打电话给我父亲，那天是父亲节。我那会儿还精神着呢，没有老，没有发胖，头发也没白。一阵寒暄之后，我说了我想说的话。我告诉老爷子我是多么敬重他老人家，感谢父亲为我所做的数不清的事，让我有美好的童年回忆。

我要给父亲寄点钱，他却没要。

我当时对此是困惑的，直到我有了自己的孩子，孩子又有了孩子，我才明白他说的话。

他说："凯文，爸爸谢谢你那样说。但是说实话，我做父亲的犯过很多次错误，并不是你说的那样的好爸爸。"

父亲的话让我想了好多，俗话说，不当家不知柴米油盐贵，不做父母，怎知养育恩。如今我的孩子都长大成人了，都有自己的孩子了。克里斯托弗也常回来看看我与黛安，用行动表达他对父母的感恩。

大自然是那么伟大，人是神灵的杰作。说简单的神经学也好，复杂而动态的人际关系也罢，上天赋予的爱让一代一代人生生不息。说什么叫什么都成，总之，孩子总

## 第七章　假如但值得

能记起父亲为自己做的美好的事,尽管做父亲的却不见得记得。

当然人世间也有很多阴暗与憎恨。我知道不是所有的父子关系都那样幽默与富有情怀,孩子长大了也未必一定能抹去积怨。我真心祝福那样的亲子关系得到大自然的庇荫与神之大爱,让人世亲情成为最美好的关系。

我还想说,所有的关系中父子关系也同样有高潮与低谷。回想起来我有过很多与孩子在一起的快乐时光,当自己的执着终于得以在孩子身上兑现时,亲情的美妙是不言而喻的。而有好多次因为自己白天工作累了,或者因为自己面临经济或者职场上的压力,而没有耐心倾听孩子的诉求,没有什么比被父亲误解更令孩子伤心的事。这些做大人的犯的错,我也记得,并且有所后悔。有时迁就孩子甚至纵容孩子而导致孩子有不良习惯,更是当父亲的不可饶恕的错误。孩子将来会恨自己。

还好孩子们未必记得父亲所记得的,特别是父亲自责的一些事。

听孩子们讲他们童年时的记忆,就像 L·杰·西尔维斯特在后院扔铁饼,记忆飞来飞去,结实而且震撼。父亲节或生日或某个特别日子,孩子们常会写个贺卡,记录他们记忆里影响他们的事。他们也常在博客上描述过去的经

## 当爹其实不容易

历。有时我会直截了当地询问他们所记得的青春岁月，有时会有意想不到的效果。

与成年子女谈论他们是如何评价父亲的，时机不是很多，这是需要勇气的，就像在中央车站脱掉裤子。

但我问了孩子们，没有那么尴尬，下面我将分享他们是怎么回答我的。

*　*　*

我知道这样的描述是有风险的。假如我说不好的，你会批评我不是个好爸爸；假如我只讲好的，你会说我净说大话，外加炫耀之意；假如我任何事都报告，可能还会惹上官司。

即使是讲自己的孩子，他们也不见得愿意老爸把他们当年的事全抖搂出来，让全世界的人都知道他们干过的愚事、坏事。

那我就不报名字了。其中的真实性，大伙相信我。

"我首先想起的是等爸爸下班回家。然后掏爸爸的外衣口袋，找糖果！若问我对父亲最美的记忆是什么，就像问他最喜欢的披头士音乐是哪首，很难选。我只知道父亲留给我很多积极而有意义的记忆。哦，最刻骨铭心的记忆也许就是在我生命中的每一天、每一刻，父亲都

## 第七章　假如但值得

一直关爱自己。"

"对父亲的记忆有很多，很难只归到一个最字。有成百个记忆让我对父亲心怀感激，有这么多个是我轻而易举能记得并讲述出来的：骑在你背上，用皮带扣你身上；用毛刷子抓你脚痒痒；把你当作爵士球队的教练；你从来没有缺席过我的体育比赛；给我买乐器，相信我不光能学会弹奏，而且能弹出自己的感觉；你参加我每次的乐队表演，带我去过无数次的音乐会；在前院陪我踢足球、打棒球，即便是你腿疼得一瘸一拐；用爵士垃圾桶玩'垃圾都能打篮球'；检查我的英文作业，帮我图解句子；把你心爱的蒙特罗车卖给我，我知道你珍爱那台车；给我提供良好教育所需的一切；在我生命的重大事件里一直出现在我身边；见证我的每个孩子的出生；做我孩子的爷爷；给我做榜样；周日一起吃晚餐；做我的父亲。"

"当我想起父亲时，脑海里出现这样的词汇：盖瑞·帕基特，樱桃巧克力，朋友，电视频道'冲浪'，绿色丰田，训练营，爸爸，琐事，作家，儿子，听众，书，唱片，榜样，爹爹，面机，汗衫，有屁快放，犹他爵士队，吉他，网球，音乐，月亮派，领导，鼓励，网球鞋，大卫·欧·麦凯，胡椒博士，书，科斯莫，墨菲法则，填字游戏，《陆军野战医院》，罗伯特·弗罗斯特，电影，诗，杨百翰大学，

## 当爹其实不容易

办公室,教育家,披头士乐队,炸鸡翅,唱盘,丈夫,滑稽,我认识的最聪明的人,德国,蓝色,我书里有一章,兄弟,《小鬼当家》,磁带,爱,家庭。"

* * *

呵,我写书时在想,读者也许会说我一定是在兜售什么,鼓吹什么主义。你可能会说:"凯文,你太自我膨胀了,就像猫王在毕业舞会上。"你爱说什么都成,这是个自由的国家。我已经说过,我的描述是有风险的。

尽管如此,我还是觉得写出来是值得的,因为我发现有些重要的东西一直在自己已成人的孩子脑子里打转。

我知道,他们记得多少很有细节的事情。这些点滴自己已经记不起,但是在孩子记忆里却历历在目,而且一直伴随他们走过漫长人生之路。这是个有趣的现象。我们的主要任务也许是保护他们,给他们提供衣食。但与此同时,我们事无巨细地参与到孩子的日常生活中,才是真正影响孩子身心健康的为父准则。

父亲的角色也常常是理会孩子内心真正想要的。不要以为他们说了一大堆有关父亲的好话,为父其实心里清楚着呢。

我是知道的。

## 第七章　假如但值得

真理是孩子在长大过程中他们表现出的出色的品性与智慧都源于母爱。

这是真理。

孩子来到世上很多前定的东西来自母亲。母亲的关爱常常会为孩子最终取得怎样的成就而着色。父亲就是不要把好端端的孩子教砸了。

我认为父亲不要帮倒忙就是好帮手,从这一点来看我是好父亲。

更何况孩子们当着父亲的面省略了好多其他时候,那些记忆他们通常大度地忽略不提了,比如父亲失职的时候,用话伤人的时候,不体谅反而惩罚的时候。

像其他父亲一样,我一定也做过不合父亲角色的事。岁月如梭,过去的就过去了,后悔也无益。当时的所作所为也可能事出有因,错怪了孩子,做不该做的事,只要自己学了,跟孩子讲明了,生活还在继续。我见过一些父子关系,僵硬,没有原谅,有一部分原因是父亲失掉了学习与改正的能力。孩子大了,他们有权决定爱与原谅。更糟糕的是,这样不肯学习的父亲角色也给孩子树立了不好的榜样。

噢,我当然也不是过于卑微,在这事上自惭形秽。在孩子的生养过程中我还是帮了忙的,说偶然也好,总之我

当爹其实不容易

做了我要做的。尽管我像是在接受做个好爸爸的训练，我依然觉得这个角色让我的生命充实圆满，让我的人生变得更好更快乐。

也是要感谢上苍，赋予灵性让孩子们看到父亲的光辉形象，尽管为父的自己未必看得见、记得起。

是的，我现在明白了我父亲在很久以前某年的父亲节时对我说过的话。我骄傲的是孩子尚不明白这些道理，就像我在他们那么大时不理解父亲的角色一样。

## 后记

## 当家成了空巢

生命是可以倒着来过的。

经过了高速、岔道、上坡、下坡,生养孩子的快乐和过程中时不时出现的心痛,生活似乎想慢下来,最终回到就我与戴安两个人。我们兜了一圈,生活似乎又回到了起点。

就是,当孩子们长大了,像鸟儿展翅,从窝里飞走,家就剩下两个人。就是这两个人开创了另外几个人的生命,莫里斯家族才得以延续。

几年前,大女儿安妮要结婚了,家里忙开了。孩子们东奔西跑,做母亲的张罗着安排婚礼,一大堆细节:寄请柬,预订婚礼那天的酒席,花店选花,订制黑礼服,然后还有教堂的仪式。大家都在忙,老爹也是尽力帮这帮那打下手,就连平时一家人坐在一起吃饭的时间也没了。

终于准备妥当了,好不容易一家人凑到一起坐到晚餐饭桌上了。我们家老小杰里米可能会不满,这些事只有哥

## 当爹其实不容易

哥姐姐有份儿,自己最小,搭不上边。但他没有。

"妈妈,爸爸。最近家里很忙,你们都各忙各的,我们也不在你们边上。没有问题吧?你们还行吗?"

首先,我得说我是心满意足的,孩子长大了,心里装着别人。问这样的问题说明他成熟了,这是多么惊喜和值得骄傲的事情。看哪,真是父亲都强啊。

感谢上苍,他有个好母亲,他从母亲那儿继承了好基因。

当听见孩子的询问时,我停顿了一下,看了他母亲一眼,看到浅浅笑容轻轻闪过她的脸,我这样回答。

"儿子,你知道妈妈和我爱你们胜过生命本身。我们愿意为你们做任何事情,保护你们,让你们幸福。我们爱你们,为你们骄傲,喜欢与你们在一起的每一刻。但是,"我继续道,"你要明白,在生你们三个之前,我与妈妈互相拥有彼此。我们在一起,相依为命。现在也一样,喜欢单独在一起。过去的二十多年的时光我们没有太多时间单独在一起,我相信我们仍然会像当初那样独自处理好事情的,"我解释道,"因为妈妈和我喜欢彼此。"